DEINE MUTMACHERIN

ILONA FRIEDERICI

So geht's mir gut!

|||||||||||||||||||||||||||||||||| SILBERSCHNUR ❦ VERLAG

ISBN: 978-3-96933-015-9
1. Auflage 2021
Lektorat: Birgit Rentz

Gestaltung & Satz: XPresentation, Güllesheim
Umschlaggestaltung: XPresentation, Güllesheim; unter Verwendung eines Motivs von © kacha somti; www.shutterstock.com
Druck: PB Tisk, a.s. Czech Republic

Verlag »Die Silberschnur« GmbH · Steinstr. 1 · 56593 Güllesheim
www.silberschnur.de · E-Mail: info@silberschnur.de

Inhalt

Prolog: Juli 2021

Gerade als Susann und Christian zu Bett gehen wollten, spürte Susann einen stechenden Schmerz. Die schwangere Frau stand vor dem Waschbecken, als es plötzlich feucht an ihren Beinen herunterlief.

Christian, der den Aufschrei seiner Freundin gehört hatte, eilte zu ihr und fragte besorgt: »Was ist los, Liebes?« Susanns Haltung war leicht gekrümmt und sie hielt sich mit schmerzverzerrtem Gesicht krampfhaft am Waschbecken fest. Christian nahm sie am Arm und führte sie behutsam ein paar Schritte weiter, damit sie sich auf den Toilettendeckel setzen konnte. »Was ist passiert?« Er musste seine Frage zweimal wiederholen, bevor er eine Reaktion erhielt, und ahnte, was geschehen war.

»Ich weiß es nicht«, antwortete die junge Frau gequält. »Ich glaube, die Fruchtblase ist geplatzt. Einfach so, ich habe nichts Besonderes gemacht.« Die letzten Worte flüsterte sie.

Christian wusste zunächst nicht, was er tun sollte. Also legte er einfach nur seinen Arm um seine Liebste und drückte sie fest an sich. Ohne lange nachzudenken, griff er nach seinem Handy und sagte: »Ich rufe Frau Zeiser an, es ist doch noch viel zu früh! Es sind noch fast zwei Monate bis zum Geburtstermin.«

Susann zuckte zusammen, nickte aber kurz zur Bestätigung. Frau Zeiser war die Hebamme, die sie während der letzten Monate liebevoll begleitet hatte. Die Schwangerschaft war bisher normal verlaufen. Außer ein wenig Übelkeit in den ersten Wochen war alles in Ordnung gewesen. Angst kroch in ihr hoch und sie hatte das Gefühl, im nächsten Moment das Gleichgewicht zu verlieren. »Mir ist schwindelig«, murmelte sie.

Christian, der keinen Zentimeter von ihr abgerückt war und sie noch immer mit einem Arm umschlungen hielt, suchte mit der freien Hand den Kontakt im Telefonregister und wählte die Nummer. Er stellte das Handy auf Lautsprecher, damit Susann mithören konnte. Nachdem er der Hebamme kurz geschildert hatte, was geschehen war, sagte diese nur: »Rufen Sie einen Krankenwagen. Es ist besser, in dieser Situation nicht selbst zu fahren. Ich komme direkt ins Krankenhaus.« Schließlich ergänzte sie: »Und bleiben Sie bitte beide so ruhig und entspannt wie möglich. Alles wird gut!«

Mit zitternden Händen wählte Christian die Notrufnummer und nach weniger als zehn Minuten stand bereits der Notarzt vor der Tür.

Fast gleichzeitig mit ihnen traf Frau Zeiser im Klinikum ein. Dann ging auf einmal alles sehr schnell. Eine Ärztin eilte in den Raum, in den Susann und Christian gebracht worden waren, und untersuchte die Schwangere, während sich eine Schwester um den werdenden Vater kümmerte, damit er sich beruhigte. Die Blicke, die zwischen der Hebamme und der Ärztin hin- und herflogen, waren ernst, gleichzeitig aber auch ruhig und besonnen. Christians Angstgefühl legte sich, nachdem er auf einen Stuhl gesunken war, den die Schwester neben Susann platziert hatte. Dankbar nahm er das ihm gereichte Glas Wasser entgegen und trank es in einem Zug leer, ohne seinen Blick von Susann abzuwenden. Die ganze Zeit über hielt er ihre Hand und versuchte, seine Worte beruhigend klingen zu lassen. Immer wieder streichelte er sanft über ihre Hand, besonders als sie erneut vor Schmerzen zusammenzuckte. Er spürte den mitfühlenden Blick von Frau Zeiser und der Ärztin, die ihm und Susann von Zeit zu Zeit versicherten, dass alles gut werde.

Obwohl der vorhergesagte Geburtstermin noch weit in der Zukunft lag, entschieden die Hebamme, die Ärztin und ein weiterer Arzt, der in der Zwischenzeit hinzugekommen war, dass es das Beste wäre, das Kind auf die Welt kommen zu lassen. Die Untersuchung hatte ergeben, dass die gemessenen Werte davon zeugten, dass es dem Embryo gut ging. Also verlegten sie den Ort des Geschehens in den Kreißsaal.

Nach knapp einer Stunde war Babygeschrei zu vernehmen.

»Es ist ein Mädchen«, sagte die Hebamme und legte der erschöpften jungen Mutter ihr Kind auf den Arm. »Und wie Sie sehen, ist es putzmunter, so wie es ins Leben schreit.« Sie lächelte den stolzen Eltern entgegen, die Hand in Hand vor Glück zu sprühen schienen. »Halten Sie es für einen Moment, bevor wir dann gleich die nötigen Untersuchungen vornehmen. Wie soll es denn heißen?«

Susann zögerte und blickte schließlich überrascht auf die Stirn des kleinen Mädchens. Nach einem Moment des Schweigens glitt ihr Blick zum frisch gebackenen Vater und von dort zurück in das Gesicht der Kleinen. Christian schien sie auch ohne Worte zu verstehen. Als er lächelnd nickte, antwortete sie der Hebamme mit fester und liebevoller Stimme ...

Acht Monate zuvor

Was für ein Tag! Susann, die ihre langen dunklen Haare zu zwei Zöpfen gebunden hatte, saß in ihrem bequemen Ohrensessel, völlig erschöpft und den Tränen nah. Sie hatte sich ihr Lieblingsessen gekocht, das unangerührt auf dem Küchentisch stand. Dass sie einfach keinen Appetit hatte, kannte Susann nicht. Aber heute war auch kein normaler Tag, genauso wie dieses Jahr zweitausendzwanzig kein gewöhnliches Jahr war. Die Zweiunddreißigjährige überkam Hoffnungslosigkeit, diverse Ängste plagten sie. Gerade hatte die Regierung den erneuten Lockdown ausgerufen. Die Zahl der am Coronavirus erkrankten Menschen war gestiegen und sie musste heute zum zweiten Mal die Türen ihres kleinen Ladens schließen. Verzweiflung und Ratlosigkeit hatten von ihr Besitz ergriffen, und nun flossen sie doch, die Tränen, die sie den ganzen Tag versucht hatte zu unterdrücken. Sie hatte stark sein wollen für Malina und Sandra, ihre beiden Mitarbeiterinnen, die gleichzeitig ihre Freundinnen waren. Erst vor einem Jahr hatte sie den Mut aufgebracht, ihren Traum wahr zu machen, und einen Geschenkeladen eröffnet. Sollte nun schon wieder alles zu Ende sein? Sie dachte an die Kredite und die Verpflichtungen, die sie ohne ihre Tageseinnahmen nicht bedienen konnte. Zudem plagte sie das Gewissen, weil sie nicht wusste, wovon sie Malina und Sandra das nächste Gehalt zahlen sollte. Ihr Blick wanderte nach rechts zum kleinen Tisch, auf dem ein Bilderrahmen und eine Kerze standen. In Richtung des Bildes, auf dem zwei kleine Mädchen Arm in Arm und mit einem Lächeln im Gesicht abgebildet waren, sagte sie mit leisen, zaghaften Worten: »Schwesterherz, du fehlst mir! Gerade jetzt könnte ich dich und deine freche Art gut gebrauchen.« Sie nahm das Bild in die Hand und drückte es sich fest ans Herz, während sie mit schleppenden Schritten in Richtung Schlafzimmer ging und den Rahmen auf die Bettdecke legte. Danach begab sie sich ins Bad, um sich für die Nacht fertig zu machen.

Als sie wenig später in ihrem Bett lag, umschloss sie das Foto erneut mit den Händen und dachte: *Wie gern wäre ich jetzt einfach weit weg, bei dir – wo auch immer du sein magst. Und wir säßen, wie damals, auf unseren Mülltonnen und könnten uns gemeinsam überlegen, was jetzt zu tun wäre. Ich brauche deinen Rat, Kleine. Was soll ich nur tun?* Mit diesen Gedanken und dem Bilderrahmen an der Brust fiel sie erschöpft in den Schlaf.

Über den Wolken

Auf einer federleichten weißen Wolke saß – so hatte es zumindest den Anschein – ein kleines Mädchen. Es schien in etwa elf oder zwölf Jahre alt zu sein. Schulterlanges, strubbeliges blondes Haar umspielte sein markantes Gesicht. Die Beine des fröhlichen Kindes baumelten locker von der Wolke herunter, als es plötzlich ernstere Gesichtszüge annahm. »Bubschen, schau mal, was da auf der Erde passiert. Ich sehe kaum noch Fröhlichkeit unter den Menschen. Wie kann das sein? Kannst du mir das erklären?« Mit diesen Worten wandte sich die Kleine an ihren Großvater, der neben ihr stand. Bubschen. So hatte sie ihren Opa schon immer genannt, obwohl sie gar nicht mehr wusste, wie dieser liebevolle Kosename einmal entstanden war. Der ältere Mann, der ganz in Weiß gekleidet war, setzte sich zu ihr, legte ihr den Arm um die Schultern und drückte sie fest an sich. Auch seine grauen Haare waren von dem leichten Wind, der die Wolken umwehte, etwas zerzaust. »Was geschieht gerade auf der Erde? Warum sind sie dort alle so traurig und verzweifelt?«, hakte das Mädchen ungeduldig nach.

»Ach weißt du, liebe Linea, die Menschen haben sich irgendwie verrannt. Seit Jahrzehnten reden sie davon, dass sie die Natur und die Erde lieben und so viel verändern wollen. Aber sie haben es einfach nicht auf die Reihe bekommen.

Viele von ihnen haben großartige Projekte für den Umweltschutz oder die Erhaltung der Nächstenliebe ins Leben gerufen, andere waren in ihren Gewohnheiten und ihrer Bequemlichkeit gefangen. Sie strebten nach neuen Entwicklungen und Verbesserungen, wollten mehr, höher und weiter hinaus. Dabei haben sie übersehen, wie sehr sie mit ihrer vielleicht sogar guten Absicht anderen und vor allem dem großen Ganzen mehr geschadet haben, als etwas zu verbessern – die Erde hat halt ihre Grenzen. Und nun scheinen die Menschen in einer Sackgasse gelandet zu sein und müssen umkehren.«

»Aber wenn sie umkehren müssen, können sie das, was sie gewollt haben, doch noch mal versuchen und es diesmal besser machen«, überlegte Linea. »Deshalb muss man doch nicht traurig sein und vor allem nicht den Kopf in den Sand stecken.«

»Ja weißt du, meine Süße«, erwiderte der Großvater in sanftem Ton, »das ist für die Menschen auf der Erde gar nicht so einfach. Sie haben sich während all der Jahre an so viel Luxus und an materielle Dinge gewöhnt, und das mögen sie nicht so einfach wieder loslassen.«

»Aber Opa, wozu brauchen die Leute denn dieses Zeug? Wir haben das doch auch alles nicht und sind trotzdem glücklich, oder? Dieses Geld zum Beispiel. Wozu ist das gut und warum wird deswegen so viel gestritten und diskutiert? Warum brauchen die überhaupt so viel davon?«

»Das ist eine gute Frage.« Der Alte zog die Augenbrauen hoch. »Und diese ist nicht so einfach in einem Satz zu beantworten. Lustigerweise gibt es gar nicht so viele Geldscheine und Münzen, wie die Menschen glauben beziehungsweise wie auf ihren sogenannten Bankkonten als Zahlen ausgewiesen sind. Ich habe mal versucht herauszufinden, wo sich all diese Geldscheine oder Münzen befinden, habe sie jedoch nicht gefunden. Ich denke aber, das ist auch derzeit gar nicht entscheidend, denn das finden die Menschen noch heraus, und dann werden sie entsprechend reagieren. Heute habe ich eher das Gefühl, dass manche Menschen ihr Herz verschlossen haben und deshalb nicht mehr wissen, dass sie von Natur aus liebenswerte Wesen sind. Aus diesem Grund brauchen sie andere Menschen, die ihnen diese Erkenntnis und das Gefühl, liebenswert und wertvoll zu sein, zurückbringen. Oder Materielles, das ihnen suggeriert, wertvoll zu sein. Denn Liebe brauchen wir doch alle, oder, meine Süße?« Der Großvater stupste seine Enkelin sanft in die Seite und lachte.

»Wir sind doch alle Liebe. Auch die Menschen da unten. Sie sind doch Seelen wie wir. Wir sind Seelen, die aus Licht und Liebe bestehen.« Linea schaukelte fröhlich auf der Wolke, fest von dem überzeugt, was sie gerade gesagt hatte.

»Ganz genau, das hast du sehr gut erkannt. Viele Menschen haben das aber vergessen und sie erhalten in diesen Tagen die Chance, sich daran zu erinnern. Dazu erzähle ich dir später mehr, wenn du magst. Nun lass uns weitergehen und uns den Bäumen im Wald widmen.

»Oh ja, gerne!« Linea strahlte, sprang auf und ergriff die Hand ihres Großvaters, um mit ihm zu den Bäumen zu schweben.

Erster Tag im erneuten Lockdown

Als der Wecker klingelte, schoss Susann aus ihrem Bett hoch. Es dauerte einen Moment, bis ihr klar wurde, dass sie heute gar nicht so früh aufstehen musste – der Laden war ja geschlossen. Ihr fiel ein, wovon sie geträumt hatte. Ein blondes Mädchen hatte auf einer Wolke gesessen. Es war ihr bekannt vorgekommen, aber Susann wusste nicht, woher sie das Kind kannte. Eine ganze Weile lag sie noch in ihrem Bett und versuchte, sich an Details aus dem Traum zu erinnern, die allerdings längst verblasst waren. Dann drängte sich ihr Gewissen in den Vordergrund, denn sie hatte ihren Kunden einen besonderen Service versprochen. Die Adventszeit hatte begonnen und die Menschen, die noch nicht zu ihren Weihnachtseinkäufen gekommen waren, sollten trotzdem die Möglichkeit haben, Geschenke für ihre Liebsten zu erwerben. Deshalb hatte sie angeboten, dass man auch telefonisch oder per E-Mail etwas bestellen konnte. Sie würde ihrem Kunden die Ware nach Hause liefern. »Click and Collect« nannten sie es neuerdings überall. Das bedeutete einen Extra-Aufwand, aber das war es ihr wert. Schließlich konnte sie ihre Kunden nicht im Stich lassen. Also schwang sie sich aus dem Bett, wusch sich und zog sich an. Als sie ihren Computer hochgefahren hatte, öffnete sie als Erstes ihr E-Mail-Postfach. Und siehe da, es waren bereits zwei Bestellungen eingegangen.

Susann bereitete sich ein schnelles Frühstück, das sie im Gehen verzehrte, trank hastig einen Schluck Kaffee und machte sich an die Arbeit. Sie hatte mit Malina und Sandra vereinbart, dass sie sich melden würde, wenn sie ihre Hilfe brauchte, schließlich musste sich erst mal zeigen, ob ihr Angebot Anklang fand. So lange sollten ihre beiden Angestellten zu Hause bleiben, so hatten sie es vereinbart.

Es dauerte nicht lange, bis ihr bewusst wurde, worauf sie sich eingelassen hatte. Nach und nach trudelten weitere E-Mail-Bestellungen ein, zwischendurch klingelte das Telefon. Bereits am frühen Nachmittag wusste sie nicht mehr, wo rechts und links war, und rief Malina an, damit sie kam und ihr half.

So wie es aussah, waren die Kunden bereit, etwas mehr Geld für Geschenke auszugeben, wenn Susann sie verschickte oder sie ihnen direkt nach Hause lieferte. Aber das erforderte auch erneute Organisation. Ein entsprechender Ablauf musste geplant werden. Das alles brauchte seine Zeit.

Zunächst machte es Susann viel Freude, Neues zu entwickeln, vor allem weil sich die Kunden dankbar zeigten. Am Abend jedoch war sie total erschöpft. Es war ein langer Tag gewesen, länger als sonst, wenn sie direkt im Laden verkaufte. Als sie um einundzwanzig Uhr nach Hause kam, ließ sie sich müde aufs Sofa fallen. Ihr Kopf hämmerte und die Gedanken kreisten. Hatte sie an alles gedacht? Niemanden vergessen? Sie hatte heute viel Geld eingenommen, kam ihr in den Sinn. Auf einmal erinnerte sie sich an ihren Traum von dem kleinen Mädchen auf der Wolke und sie überlegte: *Aber macht mich das Geld nun glücklich? Wird es reichen, um meine Kosten zu decken?* Begleitet von diesen und vielen anderen Fragen fiel sie in einen bleiernen Schlaf.

Als sie wach wurde, war es bereits fünf Uhr morgens und sie fluchte: »Mensch, Susann, du kannst doch nicht hier auf dem Sofa schlafen!« Sie stand auf, ging ins Bad und erblickte ein völlig zerzaustes und erschöpft wirkendes Spiegelbild. Erschrocken wich sie zurück, doch es nützte nichts. Es hatte wenig Sinn, jetzt noch ins Bett zu gehen, denn ihr Wecker würde bereits in einer Stunde klingeln. Also duschte sie, machte sich zurecht, zog sich frische Kleidung an und setzte Kaffee auf. Als sie etwas später am Frühstückstisch saß, prüfte sie ihr Handy und sah, dass über den Messenger bereits einige Bestellungen und Anfragen eingegangen waren. Während sie ihren Kaffee trank, hielt sie auf einem großen Notizblock die ersten Aufträge fest und begann damit, sich ein Brot zu schmieren. Nebenbei, denn sie hatte ja zwei Hände, mit denen sie sehr geschickt agierte. Sie öffnete ihre E-Mails am Smartphone und notierte auch die dort eingegangenen Anfragen und Bestellungen. Als der Block schon ziemlich vollgeschrieben war, sah sie auf die Uhr. Es war kurz vor halb acht. Eilig sprang sie auf, weil sie Malina und Sandra versprochen hatte, um acht im Laden zu sein, um mit ihnen zu besprechen, wie es weitergehen sollte. Nur flüchtig registrierte sie, dass sie ihr Brot gar nicht zu Ende geschmiert, geschweige denn gegessen hatte. Doch nun war keine Zeit mehr. Sie nahm ihre Jacke vom Garderobenhaken, griff sich ihre Notizen und machte sich auf den Weg.

Die Hektik verlor sich auch über den Tag nicht. Zu dritt entwarfen sie einen Plan, wie sie am besten vorgehen wollten, und dann machte sich jeder von ihnen an seinen Teil der Arbeit. Die Umsetzung gelang ihnen relativ reibungslos, allerdings blieb ihnen kaum Zeit, um Luft zu holen.

Als sie sich gegen neunzehn Uhr noch mal zusammensetzten, meinte Malina: »Wir haben es geschafft, aber ich bin völlig erledigt. Ich hoffe, das geht nicht so weiter.« Sie berichtete von drei Kunden, die ziemlich gereizt gewesen waren, und von einem Herrn, der sie angeschnauzt hatte, weil sie eine halbe Stunde später erschienen war, als sie abgesprochen hatten. Das hatte der Kunde ihr übel genommen. Während sie sich an die Begebenheit erinnerte, kamen ihr die Tränen, schließlich hatte sie ihr Bestes gegeben.

Susann versuchte, Malina zu trösten, aber auch in ihr machte sich die Erschöpfung breit. Sie dankte ihren Mitarbeiterinnen für ihren Einsatz, vor allem dafür, dass sie länger geblieben waren, über ihre eigentliche Arbeitszeit hinaus, und bat sie, am nächsten Morgen wiederzukommen.

Danach erledigte sie noch ein paar Büroarbeiten. Als sie zu Hause ankam, war es bereits nach zweiundzwanzig Uhr. Erschrocken und mit einem aufkommenden schlechten Gewissen sah sie auf ihrem Telefon, dass ihr Freund, Christian, mehrfach versucht hatte, sie anzurufen, und zudem eine Nachricht über den Messenger hinterlassen hatte. Er mache sich Sorgen, schrieb er, und wolle wissen, ob alles okay sei. Sie antwortete ihm, er möge sich keine Gedanken machen. Um ihn anzurufen und es ihm persönlich zu sagen, war sie zu erschöpft. Christian, mit dem sie seit fast fünf Jahren eine glückliche Beziehung führte, wohnte im Nachbarort. Für gewöhnlich sahen sie sich fast täglich, aber inzwischen hatten sie sich seit vier Tagen nicht getroffen und nur ein einziges Mal kurz telefoniert. Susann wusste, Christian würde Verständnis für die aktuelle Situation haben.

Heute konnte sie nicht gleich einschlafen, zu viele Gedanken kreisten, während sie bereits im Bett lag, in ihrem

Kopf. Sie dachte an morgen und sorgte sich, wie es langfristig weitergehen würde. *Wann darf ich den Laden wieder öffnen? Wird der Lockdown womöglich im Januar noch verlängert?* Auf diese und viele weitere Fragen wusste sie keine Antwort. Ihr Blick fiel auf den Nachttisch, auf dem das Bild von den zwei Mädchen stand. Lachend hielten sie sich im Arm. Die eine hatte ihre blonden Haare zu Zöpfen gebunden. Auffallend war ein größerer Leberfleck auf der Stirn. Die andere hatte wuschelige dunkle Haare, die ihr lässig über die Schulter fielen. Susann nahm das Foto in die Hand und murmelte: »Heute fehlst du mir wieder besonders. Warum bist du nicht mehr da? Zu zweit wäre es jetzt viel einfacher. Ich bräuchte mal deinen Rat. Deine Hilfe.« Und dann fielen ihr doch die Augen zu.

Im Wald

»*W*ow, im Wald ist es einfach immer wieder schön, und es tut so gut!«, sprudelte es aus Linea heraus, während sie mit ihrem Großvater durch den Wald lief. »Bubschen, warum ist das so? Warum geht es uns und vor allem den Menschen auf der Erde in der Natur so viel besser als sonst wo?«

»Das hast du gut gefühlt, meine Liebe. In der Natur angekommen, geht es den Erdenbürgern sofort besser. Sie brauchen sich nur dort aufzuhalten, über Wiesen oder Felder zu laufen, im Wald spazieren zu gehen oder an einem Bergsee zu ruhen. In der Natur erinnern sich ihr Inneres und jede einzelne Zelle ihres Körpers leichter daran, wer sie wirklich sind, dass wir alle eins und miteinander verbunden sind. Gerade in dieser Zeit, in der die Erde ihre Frequenz erhöht hat, hilft ihnen die Natur, wenn sie in einer depressiven Stimmung oder in ihren Ängsten gefangen sind. Ein Waldspaziergang unterstützt sie dabei, von den irdischen Gefühlen der Angst loszukommen. Weißt du, Linea, die Menschen sind auf die Erde gekommen, um Erfahrungen zu machen. Hier bei uns ist alles vollkommen, aber um dies wirklich zu erfahren, um es zu fühlen, gehen viele Seelen auf die Erde. Dort existiert die Dualität beziehungsweise die Polarität. Stell dir das am besten wie folgt vor: Es gibt immer Licht auf der einen und

Schatten auf der anderen Seite. Die Menschen erfahren Frieden nur, weil sie Krieg kennen; sie kennen Licht nur, weil es bei ihnen auch Dunkelheit gibt. Und so ist es auch mit den Gefühlen. Im menschlichen Körper, in dem sie sich während ihres Aufenthaltes auf der Erde befinden, können sie entweder in der Liebe sein oder in der Angst. Beides gleichzeitig geht nicht. Sowohl zur Liebe als auch zur Angst gehören viele untergeordnete Gefühle. Die Menschen haben verschiedene Begriffe für die jeweiligen Empfindungen, damit sie sie besser unterscheiden können. Das haben die Menschen sich so ausgedacht. Aber alles, was sie fühlen, kann nur entweder zur Angst oder zur Liebe gehören. Wir hier oben kennen das nicht, bei uns ist alles vollkommen, ist alles Licht und Liebe. Allerdings haben die Seelen, die sich entschieden haben, diese Erfahrungen zu machen, beschlossen, diese Vollkommenheit zunächst zu vergessen. Aber sie haben trotzdem jeden Tag, jede Minute, jede Sekunde wieder die Möglichkeit, sich an ihre Vollkommenheit und die Liebe zu erinnern. Diese sind ja immer noch da.«

»Was sind Minuten und Tage – oder wie heißt das noch?«, erkundigte sich Linea.

»Ach, Süße, das ist auch so eine Beschaffenheit, die es nur auf der Erde gibt. Aber das lernst du später auf deiner Reise. Wir sind ja erst in der zweiten Himmelsklasse.«

»Das finde ich blöd«, entgegnete Linea. »Kannst du es mir nicht doch schon jetzt erzählen? Ich finde das Thema Menschen und Erde so spannend, Opi!«

»Nein, nein.« Der Alte schmunzelte über den Eifer seiner kleinen Schülerin. »Das erfährst und lernst du noch früh genug. Alles zu seiner Zeit. Eins nach dem anderen. Hab Geduld, mein kleines, wissbegieriges Herzblatt!«

»Okay, okay, Bubschen, ich hab verstanden. Ich weiß, dass es keinen Sinn hat, das jetzt mit dir zu diskutieren. Da bist du echt ein Sturkopf.« Das Mädchen lachte dem Alten herzhaft ins Gesicht und ergänzte: »Dann erzähl mir bitte mehr über dieses Vergessen der Vollkommenheit. Ich verstehe nämlich nicht, warum sich die Seelen daran nicht mehr erinnern wollen.«

»Doch, sie wollen sich erinnern! Aber wenn sie die Vollkommenheit nicht zunächst vergessen würden, dann würden sie gleich wieder weglaufen von der Erde. Traurig und ängstlich zu sein fühlt sich nämlich absolut nicht gut an. Aber wie gesagt, die Seelen haben jederzeit die Möglichkeit, sich später wieder an ihren Ursprung zu erinnern. Sie sind ja, auch wenn sie es anfangs absichtlich vergessen haben, immer noch mit uns und allem verbunden. Sie müssen die Kommunikation einfach nur wieder aufnehmen und sich daran erinnern.«

»Aber wie machen die das mit diesen Gefühlen? Wie nennen sie diese noch – Angst? Was ist das?«

»Das ist schwierig zu beschreiben. Um Angst kennenzulernen, müsstest du dich auf die Erde begeben.« Nach einem kleinen Moment des Überlegens hakte der Großvater nach: »Erinnerst du dich nicht mehr? Du warst doch eine Zeit lang auf der Erde. Hast du dort die Angst nicht kennengelernt?«

»Ich weiß es nicht mehr so genau. Ich erinnere mich eigentlich nur an Momente der Liebe. Dass ich fröhlich und ausgelassen war, dass ich vor Freude gestrahlt habe. Alles das ist doch Liebe, oder nicht?«, fragte das Mädchen, das nachdenklich geworden war.

»Ja, Freude und Fröhlichkeit sind Gefühle, die der Liebe zuzuordnen sind. Ganz genau.«

»Aber man kann doch Freude einfach aus sich heraus empfinden, dafür braucht man nichts und niemanden. Warum fällt es den Menschen zurzeit nur so schwer? Da ist zwar dieses Virus auf der Erde, so wie es immer schon Viren unter den Menschen gegeben hat – du hast mir doch neulich davon erzählt, und nun ist da mal wieder so eins –, aber warum bereitet es ihnen so ein komisches ... so ein merkwürdiges Gefühl? Sie haben doch sich, ihre Verbundenheit mit allem und in ihrem Herzen ist bedingungslose Liebe.«

»Weißt du, Linea, mithilfe des Vergessens wollten die Seelen ja genau diese Erfahrungen machen. Durch die Dualität – das Gegenteil von dem, was ist – wollten sie es fühlen. Doch dann haben sie irgendwann angefangen, Materielles zu erschaffen. Und sie haben vergessen, dass sie miteinander verbunden sind. Sie denken, sie wären alle voneinander getrennt, und versuchen nun, die Liebe zu spüren, indem sie auf Materielles bauen. Sie glauben, dass ihnen diese Dinge das wohlige Gefühl von Liebe, Freude und Fröhlichkeit bringen. Gerade in dieser Zeit wird ihnen jedoch vieles von dem Materiellen genommen. Das Schöne ist: Dadurch, dass die Erde aktuell ihre Frequenz erhöht und immer mehr Licht auf sie fällt, wachen die Menschen nach und nach auf. Dieses Licht hilft ihnen, sich zu erinnern, dass es nicht das Materielle ist, das ihnen Freude bereitet, sondern dass sie Freude und Liebe in sich tragen, nach denen sie ganz einfach greifen und die sie wieder fühlen können.«

»Und wie gelingt ihnen das, Bubschen?« Linea sah ihren Großvater fragend an.

Um die Neugier noch etwas zu befeuern, antwortete der Alte: »Komm, lass uns wieder auf die Wolke gehen, und dann erzähle ich dir, was die Menschen sich Geniales einfallen lassen. Die sind nämlich ziemlich kreativ, wenn sie sich Mühe geben.«

Erste Erinnerungen

Als Susann allmählich wach wurde, fühlte es sich so an, als schwebte sie zwischen Traum und Wirklichkeit. Sie hatte wieder von diesem Mädchen auf der Wolke geträumt, die Erinnerungen waren allerdings leicht verschwommen. Oder war das Mädchen gar nicht auf einer Wolke gewesen, sondern in einem Wald? Irgendwie fehlte ihr heute Morgen der Antrieb und es fiel Susann schwer, aus dem Bett zu kommen. Aber sie wusste: Liegen zu bleiben war keine Option. Sie hatte Verpflichtungen und musste Aufträge abarbeiten. Bei dem Gedanken glitt ihre rechte Hand in Richtung des Nachttisches und sie griff nach ihrem Mobiltelefon. Als sie das unaufhörliche Blinken wahrnahm, wusste sie, dass wieder viel Arbeit auf sie und ihre Mitarbeiterinnen wartete. Abermals überkam sie der Gedanke: *Reicht das Geld, das wir mit dem Liefern verdienen, um sämtliche Rechnungen zu begleichen?* Sie wusste, dass gerade sehr viel zu tun war, aber sie ahnte auch, dass das, was dabei herumkam, einfach zu wenig war, um betriebswirtschaftlich zu überleben. Als sie ihrem Steuerberater die Idee mit dem Lieferservice eröffnet hatte, hatte er bezweifelt, dass das eine gute Idee war. Er hatte sie gefragt, ob die Kosten, die dadurch entstehen würden, überhaupt durch die Einnahmen gedeckt werden konnten. Susann spürte, wie abermals Panik und Furcht in ihr aufstiegen, so wie bereits in den letzten Tagen, nein, wie seit dem ersten Lockdown vor etlichen Monaten. Der Staat hatte Hilfe angekündigt, die sich jedoch als der sprichwörtliche Tropfen auf dem heißen Stein entpuppte. Hinzu kam, dass Susann den Steuerberater für all seine Extraarbeit bezahlen musste. Und noch waren keine Zahlungen vom Staat geflossen. Um die Panik zu bewältigen, musste sie aktiv werden. Also sprang sie aus dem Bett und erledigte die morgendlichen Handgriffe im Eiltempo, um möglichst früh im Laden zu sein. Während sie Kaffee aufsetzte, kam ihr der Traum wieder in Erinnerung. Ihr fiel ein, dass der Mann neben dem Mädchen gesagt hatte, dass man nur Liebe oder Angst fühlen könne, niemals beides gleichzeitig. *Wie bekommt man das bloß hin?*, fragte sie sich. Gefühle wie Freude und Fröhlichkeit waren ihr zurzeit gänzlich fremd. Grundsätzlich machte ihr die Arbeit im Laden Freude, aber im Moment überwog der Stress. Auch viele ihrer Kunden gaben sich schon seit einiger Zeit nicht mehr so fröhlich und freundlich wie gewohnt. *Alles, was mir neben der Arbeit so viel Freude macht*, sinnierte sie, *wird uns mit den aktuellen Erlassen der Regierung genommen*. Sie durften nicht mehr gemeinsam tanzen, singen oder Sport treiben. Sich mit Freunden zu treffen war ebenfalls untersagt. Maximal mit zwei Personen aus einem zweiten Haushalt durfte man zusammenkommen. Dann fiel ihr ein, dass sie gar keine Zeit hatte, ihre Freunde zu treffen, weil sie die zeitraubende Auslieferung ihrer Geschenkartikel zu bewältigen hatte. Und dass Weihnachten vor der Tür stand, konnte sie auch nicht fühlen. Selbst da gab es ja aktuell gravierende Kontaktbeschränkungen. »Wie soll in einer solchen Situation Freude aufkommen?«, murmelte sie.

Was hatte der Alte in ihrem Traum noch gesagt? Die Menschen trügen die Freude in sich und müssten sie nur wieder hervorholen. Aber gerade als er dem Mädchen erklären wollte, wie das funktionierte, hatte der Wecker geklingelt und sie aus dem Traum geholt. *Wenn ich doch nur wüsste, wie ich jetzt und heute wieder Freude in mein Leben holen könnte,* überlegte sie. *Das würde mir vielleicht Kraft geben für diese stressige Zeit.*

Als sie wenig später ihren Laden aufschloss, war Handeln gefragt. Erst am Abend, nachdem sie vor Müdigkeit regelrecht ins Bett gefallen war, kam ihr die Frage wieder in den Sinn: *Wie schaffe ich es, Freude statt Angst und Panik in mein Leben zu holen?* Zu einer Antwort fand sie nicht, weil sie auf der Stelle einschlief.

Freude aus dem Inneren heraus

»*W*ie die Menschen Freude, also das Gefühl der Liebe, wieder erleben können? Da gibt es viele Wege«, sagte der Großvater zu seiner Enkelin. »Wie sie trotz oder gerade aufgrund der Dualität ganz bewusst Liebe, Fröhlichkeit oder Freude empfinden und erfahren können. Sie nennen es auch Glückseligkeit. Ach, die Menschen sind, was das betrifft, zum Teil sehr kreativ. Neulich war da so eine Frau, die lange Zeit nur fluchte und schimpfte, weil sie die Hausarbeit als belastend empfand. Sie hasste sie, wie sie meinte. Dann machte sie sich auf einmal flotte Salsa-Musik an und tanzte fröhlich lachend mit ihrem Staubsauger durchs Wohnzimmer. Das war richtig schön anzusehen. Zeitweise sang sie sogar mit. Weißt du, Linea, Singen ist eine hervorragende Medizin für die Menschen, aber das dürfen sie noch lernen. Auch dafür ist diese besondere Zeit der Veränderung auf der Erde da. Du wirst es sehen.«

»Ja, Bubschen, wir hier oben tanzen doch auch so gerne im Wald oder auf den Wolken.« Während sie das sagte, fing Linea an, sich im Kreis zu drehen und fröhlich, fast albern, zu lachen. Und der Großvater in seinem weißen Gewand nahm ihre Hände – zumindest das, was wie Hände aussah – und drehte sich mit. Im ganzen Himmel und im Wald erschallte das Lachen der beiden.

Doch dann stoppte der Alte und sagte mit ernster Stimme – na ja, er versuchte zumindest, ernst zu sein: »Jetzt wollen wir aber weiter über die Menschen reden. Du und die Menschen, ihr seid ja schließlich auf der Reise in eine neue Zeit, und da gibt es noch einiges zu lernen. Hast du Fragen zu dem, was du dort unten gesehen hast, oder zu dem, was ich dir erzählt habe?«

»Oh ja! Warum arbeiten die Menschen eigentlich so viel? Und was bedeutet in deren Sprache ›arbeiten‹? Wieso sind sie nicht einfach fröhlich und genießen das Leben? Manche haben ja scheinbar Spaß bei dem, was sie Arbeit nennen. Aber ich habe auch welche gesehen, die alles andere als glücklich oder fröhlich aussahen, wenn sie gearbeitet haben. Kannst du mir das erklären?«

»Das hat sich wohl aus verschiedenen Gründen dahin entwickelt. Dadurch, dass es mehr und mehr um Materielles ging, weil viele Völker die Liebe nicht mehr im eigenen Herzen gefunden haben und das Positive inzwischen im Außen suchen, betätigen sich manche in einem Bereich, der weniger ihrem Herzen entspricht. Stattdessen beschäftigen sie sich in einem Bereich, in dem es mehr Geld zu verdienen gibt. Sie haben vergessen, dass alles, was sie tun, von Freude und Erfüllung gekrönt ist, wenn sie dem Ruf ihres Herzens folgen, wenn sie also einfach Spaß an der Beschäftigung haben, die bei ihnen ›Arbeit‹ heißt, bei der ihnen alles ganz leicht von der Hand geht und in der sie automatisch gut wären. Damit fühlen sie nicht mehr die Liebe, die sie in ihrem sonstigen Tun finden würden.«

»Hm«, überlegte Linea, »ehrlich gesagt verstehe ich das nicht. Sie wissen doch in ihrem Herzen, was ihnen Freude bereitet. Haben sie ihr Potenzial nicht mitgenommen?«

Für eine Weile saßen die beiden schweigend nebeneinander, bis das Mädchen weitersprach. »Hast du mir nicht mal erzählt, dass sich jeder eine Begabung aussucht, um diese auf der Erde für alle einzubringen? Ich erinnere mich an das Bild von einem Puzzle. Wie jedes einzelne Puzzleteil ganz wichtig ist, um ein großes, schönes Bild entstehen zu lassen. Ist das mit den Potenzialen der Seelen auf der Erde nicht so ähnlich? Ist nicht jeder Mensch mit seinem Potenzial auch so wichtig, damit das Gesamtbild schön aussieht? Ich überlege gerade, was für ein komisches Bild das ergeben würde, wenn sich jedes Teil eines Puzzles einfach verändert. Ob ich das wohl schön finden würde?« Während Linea über diese Fragen nachdachte, sah sie ihren Großvater mit großen Augen an.

Der alte Mann nickte zustimmend und beide ließen ihre Gedanken sacken. »Mir kommt gerade das Bild eines Orchesters in den Sinn, das eine schöne Melodie zu Gehör bringt«, sagte er. »Jeder Musiker spielt begeistert ein Instrument, das er liebt und das er vor allem gut beherrscht. Und alle spielen miteinander und im Einklang.« Ein Augenblick des Schweigens entstand, während sie einen Blick über die Erde schweifen ließen, bis der Großvater plötzlich aufmerkte: »Ich habe das Gefühl, dass viele Menschen gerade versuchen, das Instrument eines anderen zu spielen, weil sie denken, dass ihnen das mehr Anerkennung bringt. Oder sie probieren, zwei oder drei Instrumente gleichzeitig zu spielen. Doch damit sind sie völlig überfordert. Na ja, und dass das nicht so leichtfällt, ist wohl verständlich. In meinen Ohren ergibt das eine schräge Melodie, die weder Rhythmus noch Groove hat, weil jeder Musizierende in der Übungsphase des neuen Instruments festhängt. Die harmonische und leichtfüßige Melodie scheint verloren gegangen zu sein, insbesondere die Freude am Musizieren. Dasselbe gilt für die Fröhlichkeit und die Leichtigkeit sowie den Spaß und das Lachen.«

Mit einem mitfühlenden Blick auf seine Enkelin fuhr der Alte fort: »Lass uns für heute mit dem Lernen Schluss machen. Du hast an diesem Tag so vieles gesehen und erfahren, dass es eine gute Idee ist, wenn du das erst mal alles verarbeitest. Ich schlage vor, du ruhst dich eine Weile aus. Die nächste Lektion wird spannend, denn dann geht es um das Gerufenwerden und um Schutz und Hilfe für die Menschen. Darauf freue ich mich schon. Du wirst in dem Zusammenhang auch jemand Liebes wiedertreffen.«

Ein Lächeln huschte über Lineas Gesicht. Ein Lächeln, das so hell strahlte, als käme es direkt von der Sonne. Als hätte sie eine Ahnung. Jedenfalls hatten die Worte ihres Großvaters sie neugierig gemacht. Oder wusste sie schon, was sie erwartete?

Verbindung

*E*in paar Tage waren vergangen und Linea saß neugierig und freudig, gleichzeitig aber auch etwas zappelig auf der Wolke. *Was werde ich heute wieder lernen?*, fragte sie sich. Ihr Großvater hatte angedeutet, dass sie jemand Liebes wiedertreffen würde. Aber alle waren doch lieb! Wen oder was konnte er gemeint haben? Diese Frage wollte ihr nicht aus dem Kopf gehen. Ihren Blick über die Erde und die Menschen schweifen lassend, entdeckte sie mal wieder einige Dinge, die sie einfach nicht verstand. Immer wieder fragte sie sich, warum dort unten gerade so ein Chaos herrschte. Weshalb genossen die Menschen nicht einfach das Leben und erfreuten sich an ihren Erfahrungen? Warum schien ihnen die Freude abhandengekommen zu sein? Und dieser Mann dort auf der Straße, warum beschimpfte er die alte Frau? Unzählige Fragen, die sie sich kaum alle merken konnte, bis sie ihren Großvater wiedersah. Er hatte stets eine Antwort parat. Er wusste so viel und sie liebte es, immer wieder etwas Neues von ihm zu lernen. Ganz besonders gern erfuhr sie Wissenswertes über die Menschen, die Tiere und die Pflanzen auf der Erde. Sie erinnerte sich daran, dass sie auch mal dort gewesen war, aber die meisten Erinnerungen waren verblasst. Ihr Aufenthalt war auch nur von kurzer Dauer gewesen. Aber was bedeutete schon Zeit?

Plötzlich wurde sie aus ihren Überlegungen gerissen, als sie etwas Helles, Leuchtendes auf sich zukommen sah. Es war ihr Großvater in seiner weißen Erscheinung. Ein freudiges Lächeln glitt über ihr Gesicht. Sie sprang auf, umschlang ihn herzlich mit den Armen und wollte gleich losplappern. Doch der Alte bremste sie aus.

»Pst, lass dem Alten erst mal Zeit zum Ankommen. Nicht so hektisch, dein Großvater ist doch kein D-Zug!« Er lachte laut und herzlich. »Heute ist ein besonderer Tag, Linea, und ich möchte, dass du ihn genießt.«

Obwohl sie vor Neugierde beinahe platzte, setzte sie sich mit baumelnden Beinen zurück auf die Wolke und erwiderte: »Du machst es echt spannend.«

Erst als der Alte sich neben sie gesetzt hatte, bat er sie, in Richtung Norden zu schauen. Linea folgte seinem Blick, der über ein altes Fachwerkhaus glitt. Es handelte sich um einen Laden. Entzückt rief Linea: »Oh, ist das Haus schön! Und sieh mal, wie liebevoll es dekoriert ist!« Sie sah ein Schaufenster, das ihr außerordentlich gut gefiel. Es war gefüllt mit hölzerner Dekoration, angefangen bei Herzen in allen Größen über Weihnachtsschmuck bis hin zu bunten Büchern. Das Mädchen entdeckte drei Frauen in dem Laden, als ihr Herz auf einmal stärker zu schlagen begann. *Was ist das für ein Gefühl?*, fragte sie sich, als plötzlich eine wohlige Wärme in ihr aufstieg. Beim Anblick einer der Frauen stutzte sie. Sie war Anfang dreißig und damit beschäftigt, Geschenke zu verpacken. Linea schluckte und sah ihren Großvater mit fragendem Blick an. Sie wusste, dass sie mit ihrem Gefühl richtiglag, noch bevor er nickte. Eine längere Zeit des Schweigens entstand, in der Linea einfach nur zur Erde hinunterschaute und wahrnahm, was sie dort sah.

Irgendwann fragte sie: »Warum sieht sie so erschöpft aus? Wo ist das Strahlen in ihren Augen geblieben?« Ohne Luft zu holen und ohne eine Antwort zu erwarten, fuhr sie fort: »Es sieht schön aus, so viele liebevolle Geschenke. Und so vieles davon ist aus natürlichem Material! Das Ladenge- schäft ist wirklich sehr gemütlich eingerichtet.« Eine kurze Pause entstand. »Es scheint ihr nicht so gut zu gehen.« Linea beobachtete einfach, was sie gerade sah, und nahm wahr, was sie fühlte. Es war ein schönes, wohliges und warmes Gefühl. So saß sie mit ihrem Großvater lange Zeit da, ohne dass er etwas erwiderte. Er sah sie nur mitfühlend von der Seite an, und dann schwiegen sie beide eine ganze Weile gemeinsam. Schließlich sah sie, wie die drei Frauen aus dem Laden gingen, sich herzlich voneinander verabschiedeten und in unterschiedliche Richtungen davonfuhren. Linea folg- te der Frau, die auf sie einen so erschöpften Eindruck gemacht hatte, mit ihrem Blick, bis diese ihren Wagen vor einem klei- nen Haus parkte, ausstieg und das Haus betrat. Die Frau zündete eine Kerze an, die sie aber schon nach wenigen Mi- nuten wieder auspustete, um sogleich zu Bett zu gehen. Linea konnte sehen, wie sich die Frau auf ihr Bett legte und fast unmittelbar danach einschlief.

Ihre Neugierde ließ sie noch durch die Räume wandern. *Sehr gemütlich*, dachte sie. Die Wohnung war geschmackvoll und wie eine kleine Wohlfühloase eingerichtet.

Erst als Linea ein Räuspern neben sich vernahm, fiel ihr wieder ein, dass sie nicht allein war. Ihr Großvater hatte sie in ihren Gedanken schwelgen lassen. Aber dann fragte er doch: »Wie geht es dir gerade, mein Engel?«

Das Mädchen sah in die liebevollen Augen seines Groß- vaters und meinte nur: »Es fühlt sich gut an. Schön, sie zu sehen. Aber sie sieht nicht glücklich aus. Genauso wie die meisten Menschen zurzeit. Ich spüre ihre Nähe und ihre Wärme – das tut so gut!«

»Ich lass dich mit deinen Gefühlen noch eine Weile allein«, sagte der Alte. »Wir sehen uns dann morgen wieder zum Unterricht. Was du heute erlebt hast, war ausreichend. Lass dir so viel Zeit, wie du magst, und bleib noch ein wenig hier sitzen.« Damit stand der Alte auf, drückte seine Enkelin herzlich und wandte sich zum Gehen.

Ein besserer Tag

Als Susann an diesem Morgen wach wurde, hatte sie das Gefühl, dass sich etwas verändert hatte. Sie konnte nicht sagen, was es war, aber sie fühlte sich kraftvoller als an den Tagen zuvor. Sie überlegte kurz, was sie in der vergangenen Nacht geträumt hatte, konnte sich aber nicht erinnern. Ihr Blick glitt zu dem Bild auf ihrem Nachttisch. »Süße«, sagte sie, »ich glaube, ich muss etwas verändern. Ich muss wieder für mehr Freude in meinem Leben sorgen.« Für einen Moment beschlich sie ein seltsames Gefühl. Es war nicht unangenehm, eher wohlig warm. Den Blick immer noch auf die Fotografie gerichtet, fuhr sie mit sanfter Stimme fort: »Schwesterherz, halte mich jetzt nicht für verrückt. Ja, ich weiß, es ist nicht normal, aber ich spreche mit einem Foto. Ich habe nämlich gerade das Gefühl, als wärst du hier bei mir, als könnte ich dein Lachen hören und dich fühlen.« Nach einem Moment der Stille ergänzte sie, diesmal mit eher rauer und fester Stimme: »Mensch, Susann, knallst du jetzt völlig durch? Wirst du langsam verrückt?« Dann kullerten Tränen, erst langsam und schließlich immer heftiger, bis sie irgendwann zu schluchzen begann. Erst nach einer gefühlten Ewigkeit ging sie in die Küche, um sich ein Taschentuch zu holen. Für einen Augenblick blieb sie vor der Schublade stehen, aus der sie die Packung mit den Papiertaschentüchern genommen hatte. *Was passiert hier gerade mit mir?*, fragte sie sich. Warum fehlte ihr ihre Schwester immer noch, nach so vielen Jahren? Konnte die Traurigkeit nicht irgendwann ein Ende haben? Aber irgendwie tat es ihr jetzt auch gut und es fühlte sich richtig an, die Tränen fließen zu lassen. Hatte Susann nicht viel zu lange ihre Trauer unterdrückt, nur weil sie glaubte, es wäre unnormal, immer noch zu weinen? Ihre Schwester war tot und das Leben musste doch weitergehen.

Mit schleichenden Schritten ging sie zurück in ihr Schlafzimmer, als ihr Telefon klingelte. Auf dem Display las sie, dass es Christian war, der anrief. Kurz überlegte sie, ob sie einfach nicht rangehen sollte, aber das wäre ihm gegenüber nicht fair. Sie setzte sich aufs Bett und nahm das Gespräch an. Christian wollte hören, wie es ihr ging, weil er sich allmählich Sorgen machte.

Es tat Susann gut, seine Stimme zu hören, und sie erzählte ihm von ihrem gestrigen Tag. Dann berichtete sie von ihren Träumen, als ihr plötzlich wieder Tränen übers Gesicht liefen. Auch diesmal stoppte sie sie nicht. Stattdessen fing sie an zu schluchzen und vertraute ihrem Freund all ihre Gefühle an, die sie an diesem Morgen und während der letzten Tage verspürt hatte.

Christian zeigte sich liebevoll und mitfühlend und hörte ihr aufmerksam zu. Erst als sie alles rausgelassen hatte und die Tränen versiegt waren, glitt ihr Blick zu ihrem Radiowecker. Obwohl sie sah, dass es schon nach acht Uhr war, sie also seit mehr als einer Stunde mit Christian telefonierte, und ihr klar war, dass sie längst im Laden hätte sein müssen, war sie auf einmal ganz ruhig.

Es war, als fiele ihr ein dicker Stein vom Herzen. Die Tränen herauszulassen und mit ihrem Freund zu reden – all das hatte ihr gutgetan. »Schön, dass es dich gibt, Christian, ich liebe dich!«, sagte sie zum Abschied. Sie legte auf und ließ sich aufs Bett fallen.

Ohne darüber nachzudenken, was sie tat, nahm sie nach einer Weile das Smartphone erneut zur Hand und wählte die Nummer des Ladens. Als Malina ranging, fragte sie sie, ob sie und Sandra die Bestellungen heute ausnahmsweise einmal allein hinbekämen. »Es geht mir nicht gut und ich brauche einen freien Tag«, erklärte sie. Malina war sehr verständnisvoll und versicherte ihr, dass sie und Sandra ihr Bestes geben würden. Schließlich wünschte sie Susann gute Besserung.

Erleichtert und zutiefst dankbar verabschiedete sich Susann und legte auf. Sie nahm drei tiefe Atemzüge, setzte sich auf, ging ins Bad, duschte und bereitete sich ein leckeres Frühstück. Nachdem sie dieses in aller Ruhe genossen hatte, zog sie sich Schuhe und Jacke an, ging in den Wald und machte einen ausgiebigen Spaziergang.

Als sie nach mehr als zwei Stunden nach Hause zurückkehrte, fühlte sie sich besser als all die Tage zuvor. Sie bereitete sich einen Cappuccino zu, zündete die Kerzen auf ihrem Adventskranz an – wie sie feststellte, zum ersten Mal – und legte eine CD ein. Während sie auf dem Sofa saß, schloss sie für eine Weile die Augen, um der wohltuenden und entspannenden Musik zu lauschen. Was für eine Wohltat! Erst am frühen Nachmittag meldete sich das schlechte Gewissen und sie fragte sich: *Ist es nicht egoistisch, hier zu sitzen, während Malina und Sandra im Laden die Arbeit machen?* Doch sie schob diesen Gedanken rasch wieder beiseite und genoss die Ruhe und die Musik, die, als wäre es eine Art Meditation, im Hintergrund beruhigend auf sie einwirkte.

Verbundenheit

Als Linea ihren Großvater am nächsten Morgen wieder auf der Wolke traf, hatte sie schon eine Weile dort gesessen und die Menschen auf der Erde mit Staunen, aber auch mit vielen Fragen im Kopf beobachtet. Als der Alte dann endlich kam und sie zur Begrüßung in den Arm nahm, platzte es aus ihr heraus: »Bubschen, warum tragen die Menschen alle solche komischen Stoffmasken?« Sie löste sich aus der Umarmung, setzte sich auf die Wolke und wippte ungeduldig mit den Füßen.

»Oh, du bist schon voll im Lernfieber, wie ich sehe!« Der Großvater lächelte. »Weißt du, Kleines, die Menschen, genauer gesagt viele von ihnen, haben schon immer eine Maske getragen. Die war nur nie so deutlich sichtbar. Manche trugen sie deshalb, weil sie es einfach nicht aushalten konnten, ihr wahres Gesicht zu zeigen. Der eine, weil er in der Vergangenheit zu sehr verletzt worden war und meinte, den Schmerz nicht aushalten zu können für den Fall, dass es noch mal passieren würde – diese Verletzung. Sie haben eine Mauer um ihr Herz gebaut. Nicht böswillig und auch nicht unbedingt absichtlich und schon gar nicht bewusst, sondern einfach nur, weil sie das Gefühl hatten, es nicht anders aushalten zu können. Andere, weil sie die Liebe nicht mehr in sich selbst gesehen haben, weil sie vergessen hatten, wie wundervoll und vollkommen sie waren. Also versuchten sie, diese Liebe von anderen zu bekommen. Als Kind hatte man ihnen vielleicht gesagt: Wenn du dies oder das tust, dann bist du ein liebes oder ein braves Kind. Dann wirst du geliebt. Oder wenn du stillsitzt und leise bist, dann bekommst du dieses oder jenes.

Aber nun, in diesem Jahr, in diesem ganz besonderen Jahr zweitausendzwanzig, in dem mehr Licht auf die Erde gekommen ist als zuvor und sich die Frequenz erhöht hat, fallen ihre Masken. Sie und ihre wahre Persönlichkeit werden immer deutlicher sichtbar. Das ist für viele nicht leicht auszuhalten und sie versuchen, sich selbst zu schützen, weil sie Angst vor diesen negativen Gefühlen haben. Vor Furcht und Panik. Vor Traurigkeit und Angst, weil sie den in der Vergangenheit erfahrenen Schmerz nicht noch einmal spüren möchten. Weil sie kein weiteres Mal so leiden wollen.

Doch mit der neuen Zeit und dem immer heller werdenden Licht auf der Erde kommt auch jedes wahre Gesicht an die Öffentlichkeit. Sich hinter der gewohnten Maske zu verstecken, wird von Tag zu Tag schwieriger. Man erkennt jeden Charakter. Da fühlen sich einige hinter einer Maske aus Stoff sicherer. Und da sie davon überzeugt sind, damit auch noch andere vor dem Virus zu schützen, wird es inzwischen völlig normal für sie. Den meisten ist das nicht bewusst, denn sie haben den Zugriff auf ihr Herz, ihre innere Schönheit, Vollkommenheit und Stimme verloren. Na ja, sie haben ihn nicht wirklich verloren, aber sie erinnern sich gerade nicht mehr daran. Die Maske soll sie vor diesen für sie schwer auszuhaltenden Gefühlen schützen.«

Linea geriet ins Grübeln. »Aber sie sehen so traurig und unglücklich dahinter aus. Mir scheint, dass es ihnen mit der

Zeit eher schlechter als besser geht. Können wir ihnen nicht einfach sagen, dass es ganz einfach ist, wieder fröhlich zu sein, auch ohne diese Maske vor Mund und Nase?«

Der Großvater sah seine Enkelin mitfühlend an, ging auf die Knie und legte seinen Arm – oder das, was sein Arm unter seinem hellen Gewand zu sein schien – um ihre Schulter. Nach einem kurzen Moment der Stille sagte er: »Zum Glück wissen wir ja, dass ihr inneres Licht stärker ist und sich zeigen möchte. Sie alle haben ein so großes Herz, dass sie bald den Mut finden werden, die Masken abzulegen. Aber da der freie Wille der Menschen an oberster Stelle steht – das hast du ja schon in der ersten Himmelsklasse gelernt –, dürfen wir akzeptieren, wenn sich jemand entscheiden sollte, sie nicht abzunehmen. Ebenso wenn sie das Leben auf der Erde nicht mehr aushalten wollen. Das ist völlig okay, und dann öffnen wir ihnen die Türen, damit sie nach Hause kommen können. Sie wissen ja tief im Herzen, dass sie hier in der bedingungslosen Liebe herzlich willkommen sind.«

Eine Weile beobachteten die beiden stumm das Geschehen auf der Erde. Erst dann blickte Linea in die mitfühlenden Augen ihres Großvaters. »Okay«, sagte sie, »das klingt gut.« Nach kurzem Zögern ergänzte sie: »Glaubst du, dass Susann nach Hause möchte? Sie ruft doch so oft nach mir.«

Überrascht von der Frage, musste der alte Mann erst einmal schlucken. Doch dann besann er sich und antwortete mit sanfter, warmer Stimme: »Liebes, ich glaube nicht, dass sie schon nach Hause möchte. Ich denke einfach, dass du ihr an ihrer Seite fehlst und es ihr leichter fallen würde, wenn du bei ihr wärst.«

Dann entstand ein nachdenkliches Schweigen, das Linea aber irgendwann unterbrach: »Meinst du, sie spürt, dass wir sie beobachten?« Sie sah ihrem Großvater tief in die Augen.

»Da bin ich mir ganz sicher. Die Verbindung zwischen euch beiden ist ja genauso wenig abgebrochen wie zu allem anderen. Es sind nur im Moment nicht so einfache Zeiten für sie und sie darf gerade sehr viel lernen. Klar spürt sie uns, und deshalb sind wir ja auch da. Sie hat Sehnsucht nach einem Teil von ihr, und dieser Teil bist du. Ihr wurdet schließlich in einer Eizelle zusammen in das Erdenleben geboren, das verbindet zwei Seelen im menschlichen Körper noch mehr als sonst üblich.« Nach einer kurzen Pause fragte er: »Du möchtest doch auch bei ihr sein, oder?«

Ohne dass ein Wort nötig gewesen wäre, nickte Linea und ihr Großvater verstand.

»Dann lass uns zu ihr gehen«, schlug er ruhig und bedächtig vor, während er aufstand.

Ein Tag mit einem
Wechselbad der Gefühle

*W*ährend der Wecker klingelte, drehte sich Susann um, drückte wie gewohnt auf die Snooze-Taste und schaute auf den Kalender. Es war Samstag, der fünfte Dezember. Ihre Augen wollten wieder zufallen, aber sie riss sich zusammen und sprach in Gedanken: *Mensch, Susann, warum kommst du so schwer in die Strümpfe? Das Aufstehen fällt dir doch sonst nicht so schwer!* Doch dann fiel ihr der Adventskalender ein, den sie vor einer Woche von einer Freundin geschenkt bekommen hatte. Tag für Tag hielt dieser positive Impulse von »Deiner Mutmacherin« parat. Jeden Morgen lauschte sie diesen Impulsen vor dem Aufstehen und sie spürte, wie ihr die freundliche Stimme und die Anregungen dieser ihr fremden Frau guttaten. Voller Vorfreude beendete sie die Schlummerfunktion ihres Weckers, griff nach ihrem Smartphone und öffnete den Link, den sie in den frühen Morgenstunden über den Messenger bekommen hatte. In den vergangenen Tagen war es um Dankbarkeit, Liebe zu sich selbst und zu anderen, Entspannung und Achtsamkeit gegangen. Sie war gespannt, was sie heute erwartete. Eines wusste sie bereits, denn das war bisher immer gleich gewesen, der Satz: »Heute ist ein schöner Tag.« Sie drückte auf die Play-Taste und vernahm die liebevolle und fröhliche Stimme dieser Mutmacherin:

Hallo ihr Lieben. Willkommen zum fünften Türchen deines Adventskalenders von »Deiner Mutmacherin«. Heute ist ein schöner Tag. Es ist Wochenende und ich möchte einen Gedanken mit dir teilen. Es gibt zwei Worte, die in unserem Leben sehr kraftvoll sind und die nur du, ja du selbst, benutzen kannst und mit denen so viele positive Veränderungen in deinem Leben möglich sind. Das sind die Worte »Ich bin«. Wir sprechen ja so oft und eigentlich permanent auch mit uns selber. Nicht unbedingt immer laut, aber innerlich. Manche Menschen sind sogar gut darin, selbstkritisch zu sein. Wie ist es bei dir?

Aber wenn du in deinem Leben Personen triffst, die fast immer in Leichtigkeit und Zufriedenheit leben, die stets glücklich und ausgeglichen erscheinen, denen immer alles Gute zuzufallen scheint, dann bin ich mir sicher, dass diese vorwiegend liebevoll mit sich selbst sprechen. Dass sie nachsichtig und verständnisvoll mit sich reden. Welche sind deine »Ich bin«-Sätze? Überlege einmal für einen Moment, wie du für dich diesen Satz weiterführen würdest. »Ich bin ungeduldig«, »Ich bin zu dick«, »Ich bin faul« oder »Ich bin zu blöd für Punkt, Punkt, Punkt«? Oder sprichst du eher Sätze wie »Ich bin wunderbar«, »Ich bin wertvoll«, »Ich bin gut in Punkt, Punkt, Punkt«? Ich lade dich ein, heute ein paar Sätze für dich zu finden, die mit »Ich bin« starten und etwas Positives und Liebevolles über dich ausdrücken. Denn Sätze, die mit »Ich bin« beginnen, kannst nur du selbst sagen, aber sie sind so kraftvoll und haben einen sehr großen Einfluss auf dich und dein zukünftiges Leben. Also, wie lauten deine »Ich bin«-Sätze?

Mit dem Wunsch, du mögest möglichst viele »Ich bin«-Sätze für dich finden, die deine wahre Größe und deinen

positiven Kern beschreiben, wünsche ich dir einen inspirie-
renden Ich-bin-Tag. Alles Liebe. Und bis morgen. Deine
Ilona, deine Mutmacherin.[1]

Als die sanfte Melodie, die jeden Tag gleich war, das Gesagte ausklingen ließ, blieb Susann noch ein paar Minuten
im Bett liegen und überlegte, welche »Ich bin«-Sätze sie innerlich sprach. Erschrocken stellte sie fest, dass es nicht immer nur liebevolle Sätze waren. Spontan kamen ihr Äuße-
rungen wie »Ich bin zu langsam« oder »Ich bin unattraktiv«
in den Sinn – und gleich noch ein paar mehr. Mit dem Vorsatz,
zu ändern, wie sie mit sich selbst sprach, und liebevoller mit
sich umzugehen, stand sie auf. Weil Samstag war, hatte der
Wecker heute erst um sieben Uhr, eine Stunde später als
üblich, geklingelt. Da der Laden in normalen Zeiten samstags
um zehn Uhr öffnete, hatte sie sich auch heute mit Malina
und Sandra zu dieser Zeit dort verabredet. Sie hatten ein
paar Kunden versprochen, ihnen Geschenkpakete für den
Nikolaustag zu packen, die in der Zeit zwischen zwölf und
dreizehn Uhr abgeholt werden konnten.

Es war halb acht, als Susann das nächste Mal auf die Uhr
sah, und somit noch ausreichend Zeit, um in Ruhe zu früh-
stücken. Das hatte sie sich, durch den Adventskalender vom
zweiten Dezember angeregt, für heute vorgenommen. Sie
wollte sich mal wieder mehr Zeit für sich nehmen und sich
selbst etwas Gutes gönnen. Und ein Frühstück in Ruhe und
ohne Eile war ihr dazu als Erstes eingefallen. Selbst wenn die
ganze Welt umherhetzte, hatte sie in den vergangenen Tagen

---

1) Zu finden bei YouTube:
    »Deine Mutmacherin Adventskalender«

gemerkt, dass das gar nicht nötig war. Sie hatte sogar in der Ruhe sämtliche Aufträge erledigen können.

Auch wenn sie noch immer eine gewisse Unruhe in sich spürte, gelang es ihr heute schon besser, ihr Frühstück mehr in Ruhe zu sich zu nehmen. Sie war sogar ein wenig stolz auf sich, dass sie sich die Zeit genommen hatte, während der letzten vier Tage jeden Morgen diesen Adventskalender anzuhören, statt wie üblich nach dem Weckerklingeln alle zehn Minuten auf die Snooze-Taste zu hauen, um noch eine Runde zu schlummern, und dann später gehetzt aus dem Bett zu springen.

Als sie kurz vor zehn ihren Wagen vor dem Laden parkte, waren Malina und Sandra schon da. Zunächst begrüßte sie Malina, die am Verkaufstresen stand und etwas in einen bunten Karton legte. Susann fiel wieder einmal auf, wie geschmackvoll ihre Freundin gekleidet war. Malina trug, wie so oft, farblich aufeinander abgestimmte Kleidung. Heute war es eine Bluse mit türkisfarbenen Blüten, dazu passend hatten die Bügel ihrer Brille den gleichen Farbton. Sogar ihre Stiefel, die über einen blauen Ledereinsatz verfügten, passten perfekt dazu. Susann bewunderte ihre Freundin, die ihrer Meinung nach einen wirklich guten Geschmack hatte, was Kleidung anging.

Malina grüßte fröhlich zurück und berichtete, dass sie bereits seit einer Stunde im Laden sei und was sie schon alles erledigt habe. Susann wurde mal wieder bewusst, wie viel Glück sie hatte, zusammen mit zwei so tollen Frauen ihren Traum von einem eigenen Laden umsetzen zu können. Sie und Malina wechselten noch ein paar Worte, bevor Susann nach hinten in den Büroraum ging, um auch ihre andere Freundin und Mitarbeiterin zu begrüßen.

Sie spürte sofort, dass es Sandra, die ihre roten Locken heute zu einem Pferdeschwanz zusammengebunden hatte, nicht gut ging. Ohne dass sie fragen musste, erfuhr sie auch gleich, warum. Susann wusste, dass Sandras Mutter seit längerem krank und kürzlich in ein Altenheim gekommen war. Sie hatte sich nicht mehr selbst versorgen können und die Diagnose Krebs war Anlass gewesen, die Eigenständigkeit aufzugeben. Dieser Umstand hatte Sandra während der letzten Wochen sehr belastet. Sie erzählte, wie schlecht es ihrer Mutter inzwischen ging und dass die Ärzte ihr keine großen Hoffnungen machten, dass sie ihren achtzigsten Geburtstag im Februar noch erleben würde. Obwohl Susann klar war, dass man wegen des Coronavirus Abstand halten sollte, nahm sie ihre Freundin, der die Tränen gekommen waren, intuitiv und ohne darüber nachgedacht zu haben, in den Arm. Sandra, die Susann als toughe und selbstbewusste Frau kannte, ließ diese Geste zu und weinte sich aus. Man hatte ihr in der Einrichtung gesagt, dass es Vorschrift sei, dass immer nur ein Angehöriger einmal in der Woche zu Besuch kommen dürfe. Das war für sie in dieser Situation überhaupt nicht auszuhalten. Nach einer Weile kam Malina hinzu und tröstete Sandra ebenfalls. So standen die drei Frauen mehr als eine halbe Stunde zusammen, bevor sie sich wieder an die Arbeit machten. Die Anspannung, die in Sandra tobte, war zwar zu spüren, aber trotzdem gelang es den Frauen, gelegentlich zu lachen, während sie die letzten Nikolauspräsente packten.

Erst nachdem gegen dreizehn Uhr alle Pakete vor der Eingangstür abgeholt worden waren und Susann ihre Freundinnen verabschiedet hatte, war kurz Zeit zum Luftholen. Sie begab sich in ihr Büro und sackte regelrecht auf dem

Schreibtischstuhl zusammen, als plötzlich Tränen aus ihr herausflossen. Sie hatte sich die größte Mühe gegeben, um den Kunden alles recht zu machen, und trotzdem waren einige von ihnen ihr, Malina und Sandra heute ziemlich unfreundlich begegnet. Susann hatte das Gefühl, dass die Maske, die jeder zu tragen hatte, die Menschen noch mehr stresste, als es die Vorweihnachtszeit zum Teil ohnehin schon tat. Nur wenige Kunden hatten mit ihrer fröhlichen Art und netten Worten ein Lächeln in ihr Gesicht gezaubert. Und wieder verspürte sie Dankbarkeit, weil sie wenigstens zwei so liebevolle Freundinnen an ihrer Seite hatte. Auf einmal meldeten sich wieder all die Verzweiflung und Hoffnungslosigkeit, die sie schon seit Tagen immer mal wieder begleiteten.

Erst als sie mindestens sieben Taschentücher vollgeschnäuzt hatte, vernahm sie ein lautes Klopfen an der Ladentür. *Oh nein, nicht noch so ein meckernder Kunde!*, flehte sie, während sie aufstand und vorsichtig um die Ecke lugte, von wo aus sie die Ladentür einsehen konnte. So verheult konnte sie wohl kaum einem Kunden gegenübertreten. Erleichtert und gleichzeitig erfreut sah sie, dass es Christian war. Mit schleppendem Gang begab sie sich zur Tür und öffnete ihrem Freund, der sie liebevoll begrüßte.

Fragend sah er sie an, und als Susann zu weinen begann, nahm er sie in den Arm. Unter Tränen schüttete sie ihm ihr Herz aus. Sie erzählte ihm, wie verzweifelt sie war, dass die meisten Kunden so gereizt reagierten, und wie es an ihren Kräften zehrte, das Gefühl zu haben, es niemandem recht machen zu können. Christian, der aufmerksam zugehört hatte, schlug nach einer Weile vor, einen Spaziergang zu unternehmen. Daraufhin schloss Susann den Laden ab, und während sie durch den nahe gelegenen Wald gingen, tauschten sie sich weiter über die Erlebnisse des Tages aus. Es tat ihnen gut, gemeinsam in der Natur zu sein.

Das Leben ist stetiger Wandel

*Z*ur selben Zeit saßen Linea und ihr Großvater auf der Wolke. Die meiste Zeit schwiegen sie und beobachteten die Frauen im Geschenkeladen.

»Wie können wir Susann oder den anderen Menschen helfen? Irgendwie verstehe ich das, was da unten geschieht, nicht so recht. Warum sind die alle so unfreundlich oder – wie nannte sie das noch – gestresst? Was ist das eigentlich, gestresst?« Linea sah ihrem Großvater wissbegierig in die Augen.

»Weißt du, das ist für uns hier oben gar nicht so einfach zu verstehen. Hier gibt es nur Liebe und Vollkommenheit. Wir leben im Licht und sind alle eins. Aber dadurch, dass wir das alles und immer haben, können wir es nicht wirklich erfahren. Deshalb haben sich ja viele Seelen, wie auch du einst, dazu entschlossen, einmal die Erfahrung zu machen, was Liebe, Vollkommenheit und Licht tatsächlich sind. Sich bewusst werden, wie es sich anfühlt. Um jedoch diese Erfahrungen zu machen, wurde die Polarität erschaffen. Auf der Erde erfahren die Seelen dadurch, dass sie in einem menschlichen Körper leben und einen Verstand haben, was Liebe wirklich ist. Und das nur, weil es dort auch den Hass gibt. Sie erfahren, wie ich dir schon erzählte, was Frieden ist, weil sie Krieg kennen. Für uns hier oben gibt es den Begriff

›Frieden‹ nicht, weil es immer und überall friedlich ist. Es gibt hier nichts anderes. Aber auf der Erde gibt es Hell und Dunkel, Schwarz und Weiß. Nur so können die Seelen, die auf die Erde kommen, wirklich erfahren und bewusst fühlen, was wir hier immer und jederzeit haben. Kannst du mir folgen, Kleines?«

Linea nickte. »Ja, ein bisschen, weil ich mich noch vage daran erinnere, wie es für mich auf der Erde war.«

»Das ist gut, denn das macht es dir leichter, das, was dort unten gerade geschieht, zu begreifen – als Mensch würde man sagen: verstehen. Denn die Menschen haben ja einen Verstand, mit dem sie dort leben. Und das Wort ›Verstand‹ kommt von ›verstehen‹ oder umgekehrt. Jede Seele, die gerade auf der Erde lebt, hat sich entschieden, einige Lernerfahrungen zu machen. Die Menschen nutzen gerne mal das Wort ›Fehler‹, aber ich denke, es würde ihnen besser gehen, wenn sie das, was sie als ›Fehler‹ bezeichnen, ›Lernerfahrung‹ nennen würden. Dann könnten sie diese Erfahrungen mehr mit Liebe als mit Angst betrachten. Aber das ist nur meine Sichtweise von hier oben. Die Menschen haben sich über die Jahrhunderte hinweg anderes angewöhnt, was ich womöglich nie so ganz werde nachvollziehen können.« Der Alte zwinkerte dem Mädchen zu, bevor er fortfuhr. »Erinnerst du dich? Wir haben kürzlich über die Zeit gesprochen. Minuten, Stunden, Tage und so weiter. Die Erdenbürger haben irgendwann eine Zeitlinie erfunden, an der sie etwas abmessen können. Das bedeutet, es gibt neben der Gegenwart, wie wir sie hier in der Multidimensionalität kennen, bei ihnen zusätzlich eine Vergangenheit und eine Zukunft. Dadurch, dass die Menschen ja diesen Verstand haben – wie der Name schon sagt: Sie möchten alles verstehen –, denken sie oft über die Vergangenheit nach, und dann meistens über das, was sich für sie nicht so gut anfühlte. Auf diese Weise fallen sie häufig in Gefühlszustände, die sie ›Depressionen‹ nennen. Und dann gibt es die Wesen, die mit dem Verstand alles kontrollieren wollen und sich Sorgen um die Zukunft machen. Wie deren Sprache schon besagt: sich Sorgen machen. Daran müssten sie bereits erkennen, dass es die Sorgen eigentlich gar nicht gibt, sondern dass sie sie sich nur *machen*. Da ihnen das aber gerade nicht bewusst ist, verspüren sie diese Angst und Furcht.«

»Hm? Bubschen, das verstehe ich noch nicht so richtig. Sie bräuchten doch einfach nur bewusst im Jetzt und Hier zu sein. Da spielt sich das Leben doch ab. Und in diesem achtsamen und bewussten Zustand weiß man immer, was gerade jetzt richtig ist. Man muss es einfach nur wahrnehmen und entsprechend handeln. Ich finde, das ist ganz einfach. Wozu dann diese Sorgen und Ängste?« Fragend sah sie ihrem Großvater ins Gesicht.

»Da hast du vollkommen recht, Süße. Du erinnerst dich aber, dass ich dir erzählt habe, dass die Seelen, wenn sie als Mensch auf der Erde Erfahrungen sammeln wollen, all das erst einmal vergessen. Und manche brauchen Zeit, bis sie sich allmählich und vor allem nachhaltig wieder daran erinnern. So lange machen sie die Erfahrungen und fühlen die zwei Seiten, das Licht und den Schatten. Denn dadurch, dass sie Krieg kennengelernt haben, wissen sie nun, was Frieden ist. Dadurch, dass sie die Dunkelheit zur Kenntnis genommen haben, wissen sie nun, was Licht ist. Und das alles im Rhythmus des Lebens. Sie lernen nach und nach, dass so, wie der Tag immer wieder von der Nacht abgelöst wird, nach Herbst und Winter auch wieder Frühling und

Sommer kommen. Dass nichts bleibt. Dass das Leben stets im Wandel ist. Und trotzdem glauben einige mit ihrem Verstand, dass sie es kontrollieren können und es irgendwann einfach immer Tag sein wird, dass sie es selbst in der Hand haben. Dass nichts bleibt, wie es war, dürfen sie gerade in diesem Jahr lernen. Das Leben ist einem stetigen Wandel unterworfen und bedeutet immerwährende Veränderung. Vielen Menschen fällt es zurzeit noch schwer, das anzunehmen, denn dafür müssten sie das Alte loslassen, und das mögen sie auf der Erde gar nicht so gern.«

Eine Pause entstand und Linea versuchte, all das Gesagte aufzunehmen und zu verarbeiten. Mit glänzenden Augen sagte sie: »Aber das ist doch alles ganz normal, Bubschen! Und das ist doch auch schön, weil wir vertrauen können, dass sowieso immer alles gut ist, was geschieht und wie es sich verändert.«

Der Großvater musste schmunzeln. »Du bist ein kluger Kopf. Nur hat so mancher Mensch dieses Urvertrauen, das für ihn doch so wichtig ist, im Laufe seiner Kindheit verloren. Deshalb fühlt er sich wohler, wenn immer alles gleich ist, wenn er weiß, dass jetzt das Gleiche passiert, was er schon die ganze Zeit erfahren hat. Er nennt es seine Komfortzone. Das ist wie ein Tier, das in einem Schuhkarton lebt, in dem es wohlig warm und gemütlich ist. Doch irgendwann überwiegt die Neugierde und das Tier möchte sehen, was hinter dem Rand des Kartons ist. Wenn es dann mutig den ersten Schritt und vielleicht zunächst den Blick darüber hinaus gewagt hat, sieht es, dass es hinter dem Karton noch so viel Wunderbares zu erfahren und zu entdecken gibt. Und so sollte das menschliche Leben auch sein – eine Abenteuerreise, während der es immer wieder Neues, Spannendes und Aufregendes zu entdecken gilt. Um dies auch genießen zu können, ist unser Herz ja mit dem Urvertrauen, von dem du gerade gesprochen hast, ausgerüstet. Das Vertrauen, dass, egal was passiert, es gut für uns ist. Den Menschen fällt das allerdings schwer, denn für sie ist zunächst einmal das Be- und das Verurteilen einer Situation wichtig.«

Nun stutzte das kleine Mädchen. »Opa, was ist das – Be- und Verurteilen?«

Der Alte hatte schon geahnt, dass diese Frage kommen würde. Er schmiegte sich an das Kind und sagte in sanftem Ton: »Oh, ja, das ist eine gute Frage. Aber ich glaube, für heute reicht das an Lernstoff. Lass uns später weitermachen. Ein alter Mann wie ich ...« Während er das sagte, grinste er. »Ein alter Mann wie ich muss sich etwas ausruhen.«

Linea verstand nur Bahnhof. »Ausruhen? Wieso ausruhen? Im Himmel braucht man sich doch nicht auszuruhen! Und Be- und Verurteilen, das wüsste ich auch gern, was das ist. Aber okay. Ich warte, bis ich es zur richtigen Zeit erfahre. Es kommt ja immer alles zur richtigen Zeit.« Sie winkte ihrem Großvater, der bereits aufgestanden war, hinterher.

Verständnis

$\mathcal{L}$inea blieb noch etwas sitzen und schaute wieder in Richtung Norden, wo sie Susann sehen konnte, die mit ihrem Freund Christian durch den Wald spazierte. Anschließend beobachtete sie, wie die beiden etwas einkaufen gingen, das sie dann zu Christians über achtzigjähriger Nachbarin brachten, die aufgrund der aktuellen Situation nicht so gerne aus dem Haus ging. Linea sah, wie die Alte den beiden dankbar zulächelte und die Einkäufe entgegennahm. Dann fuhren die zwei zu Susann nach Hause, in das Haus, das Linea schon gesehen hatte.

Als Susann es sich auf dem Sofa gemütlich gemacht hatte, zündete Christian ein paar Holzscheite im Kaminofen an. Susann wirkte jetzt ruhiger und ausgeglichener und schloss für einen Moment die Augen. Während Linea sie so ganz entspannt dasitzen sah, murmelte sie: »Schwesterherz, alles ist gut. Ich bin bei dir. Alles geht vorbei, auch diese Krise. So wie es nie Nacht oder Winter bleibt, so kommt auch wieder Licht nach dieser Krise, in der ihr Menschen euch jetzt zu befinden glaubt. Hab Vertrauen, wir sind für euch da.« Schließlich stand auch Linea auf und ging von der Wolke in die Richtung, in die ihr Großvater schon gegangen war.

Als Christian das Feuer angezündet hatte und zu seiner Freundin ging, sah er, wie ihr Tränen über das Gesicht liefen.

Susann saß ganz ruhig da, hatte die Augen geschlossen, und trotz der Tränen wirkten ihre Gesichtszüge entspannt. »Ist alles okay bei dir, Schatz?«, fragte er sie, setzte sich zu ihr und legte behutsam einen Arm um ihre Schultern.

Langsam öffnete Susann die Augen und sah ihrem Freund lächelnd ins Gesicht. »Ja, es ist alles okay. Ich habe gerade so ein wohlig-warmes Gefühl und irgendwie denke ich, dass alles gut wird. Dieser Lockdown, dieses Virus und diese Masken machen uns wohl einfach nur kirre. Vielleicht sollte ich mehr Verständnis für meine Kunden aufbringen, die gestresst in den Laden kommen. Wer weiß, was die gerade alles erleben. Uns geht es doch gut. Klagen wir nicht auf sehr hohem Niveau? Ich bin erschöpft, aber der Waldspaziergang tat jetzt gut. Schön, dass du da bist, Schatz!« Während sie das sagte, drückte sie Christian liebevoll an sich. Als er sie daraufhin anlächelte, gab sie ihm einen zärtlichen Kuss. »Wollen wir uns entspannte Musik anmachen und später noch Klavier spielen und singen? Danach wäre mir heute.«

Mit einem kurzen Nicken griff Christian zu seinem Smartphone und wählte einige Musikstücke aus. Dann kuschelten sie sich in das Sofa und genossen die wunderbaren Klänge sowie den gesamten Abend.

Am Sonntagmorgen frühstückten Susann und Christian bei gemütlichem Kerzenschein. Anschließend setzte sich Susann an den Schreibtisch, um Weihnachtskarten zu schreiben, während Christian sich seinem Modellflugzeug widmete, an dem er seit einigen Tagen bastelte. Er hatte beschlossen, noch bis Montagfrüh zu bleiben, sodass sie den Nachmittag und den Abend gemeinsam genießen konnten.

Be- und Verurteilen

*L*inea saß wieder auf ihrer Lieblingswolke. Sie wusste, heute würde es spannend werden. Sie sollte etwas über Be- und Verurteilen lernen und gewiss auch noch andere Dinge erfahren. Egal, was es auch sein würde, ihre Neugier war geweckt, sodass sie schon ein wenig ungeduldig und wieder mal zappelig auf ihren Großvater wartete. Sie liebte es, die Beine von der Wolke baumeln zu lassen, und sang, wie so oft, ein fröhliches Lied vor sich hin. Währenddessen beobachtete sie ein paar Menschen, die auf der Straße standen und sich stritten, sowie eine Frau, die verzweifelt ihre schwere Einkaufstasche durch die Haustür zwängte, als ihre Aufmerksamkeit plötzlich zu einer größeren Gruppe gelenkt wurde. Da waren Tausende von Menschen auf der Straße, die alle in die gleiche Richtung wanderten. *Was hat das zu bedeuten?*, fragte sie sich. *Was machen die da – und warum?* Die Menschen wirkten friedlich und ihr Anblick harmonisch. Sie lachten und schienen fröhlich zu sein. Linea sah, wie sie sich schließlich auf einer riesigen Wiese versammelten, auf der einige von ihnen eine Decke ausbreiteten und es sich gemütlich machten. Auf der einen Seite der Wiese entdeckte das Mädchen eine Bühne, auf der Menschen standen und in Mikrofone sprachen. Die Menschenmenge schien den Worten, die aus verschiedenen Lautsprechern über die Wiese hallten, zu lauschen und applaudierte gelegentlich, während immer mehr Personen durch die Straßen sternenförmig zu diesem Platz wanderten. Das war interessant, so etwas hatte Linea bisher noch nie erlebt. Sie würde ihren Großvater gleich danach fragen, doch der ließ auf sich warten. Aber das störte Linea überhaupt nicht. Es war einfach zu spannend, was sie da beobachten durfte.

Erst als sie das Geschehen länger verfolgt hatte, kam ihr Großvater und setzte sich zu ihr. Für einige Zeit schwiegen sie und betrachteten die Szenerie, bis Linea es nicht mehr aushielt und fragte: »Was ist da unten los, Bubschen? Warum treffen sich dort so viele Leute?«

»Was du dort siehst, ist eine Demonstration. Schau mal, wie friedlich die alle zusammen sind. In diesem Land herrscht eine Art Demokratie, das heißt, die Bevölkerung wählt regelmäßig ein paar Menschen, die sich um Gesetze und Regeln kümmern. Demokratie kommt von den Worten ›Demos‹ und ›Kratie‹. Demos bedeutet ›Volk‹ und Kratie ›Herrschaft‹. Aber im Augenblick scheinen sie nicht einverstanden zu sein mit dem, was die gewählten Personen beschlossen haben, und das wollen sie heute kundtun. Es ist Teil einer Demokratie, dass jeder seine Meinung frei äußern darf und sagen kann, was er oder sie denkt. Und das, was die Mehrheit der Stimmen möchte, wird dann auch umgesetzt. Zurzeit sind offenbar die Sichtweisen sehr unterschiedlich. Menschen be- und verurteilen nicht immer alle gleich.«

»Was sind Sichtweisen?«, wollte Linea wissen. »Und was ist dieses Be- und Verurteilen? Das wolltest du mir sowieso noch erklären.« Sie konnte das alles nicht begreifen.

»Mein Kind, bestimmt erinnerst du dich noch an das, was ich dir erzählt habe: Um auf der Welt die Erfahrungen von

Liebe, Verbundenheit und vielem mehr machen zu können, wurde jede Seele mit einem Verstand ausgestattet. Dieser ist der rationale Teil des Menschen – der, der immer alles, wie das Wort schon andeutet, verstehen und am besten unter Kontrolle haben möchte. Du musst wissen, dass der Verstand erst nach der Geburt auf der Erde entsteht, und er weiß immer nur das, was die jeweilige Person ihm in seinem Leben auf der Erde beigebracht hat. Was sie ihm antrainiert und was sie erfahren hat. Der Verstand sammelt also während der Lebenszeit Wissen und Erfahrungen und schnürt daraus stets ein zu dem Zeitpunkt aktuelles Wissenspaket. Was er noch nicht kennt beziehungsweise während dieser Zeit nicht gelernt hat, das gibt es für ihn nicht. Aus diesem Wissenspaket, das ja bei jedem Menschen ein anderes ist, erschafft er seine eigene Realität. Wie gesagt: Was der Verstand nicht kennt, das gibt es für ihn auch nicht. Ganz im Gegensatz zum Herzen, das ja noch mit uns, mit allem, was ist, verbunden ist. Deshalb bildet sich jeder Mensch in jeder Situation sein eigenes Urteil. Er be- und verurteilt also gerne. Und dann redet, diskutiert und debattiert er, um herauszufinden, was nun wirklich wahr ist. Realität ist also etwas anderes als die Wahrheit. Es ist eine Illusion. Es gibt, wie du siehst, so viele Realitäten, wie es Menschen gibt, aber, wie du weißt, nur eine einzige Wahrheit.«

»Das klingt kompliziert«, sagte Linea und schwieg für einen Moment. Keck und völlig überzeugt fuhr sie fort: »Sie brauchen doch nur im Jetzt und Hier zu sein, im Bewusstsein, und schwups, wissen sie, was aktuell die Wahrheit ist. Es gibt doch nur die eine und echte Wahrheit.«

»Auch hier hast du mal wieder vollkommen recht, Kleines. Aber das ist während der Zeit auf der Erde etwas komplizierter. Denn dadurch, dass die Menschen den Verstand nutzen, der nur glaubt, was er kennt oder was er mit seinen eigenen Augen gesehen hat, verlernen viele das Wahrnehmen. Das richtige, echte Wahrnehmen. Wie ihre Sprache so deutlich besagt: wahr, also wahr-nehmen. Manchmal lassen sie bei diesen Diskussionen etwas weg oder sie fügen etwas hinzu. Dann lassen sie ihre Emotionen mit einfließen. Natürlich wäre es viel einfacher, wenn sie im wachen Bewusstsein wären, im Jetzt und Hier, und einfach wahrnehmen, was gerade ist. Aber das können nur noch wenige. Auch deshalb ist gerade diese Zeit der Veränderung im Jahr zweitausendzwanzig so wichtig. Der Mensch soll nämlich wieder mehr zurück zum Ursprung, zu uns. Manche weise Lehrer, die sich auf der Erde befinden, versuchen, es den Menschen zu erklären. Dazu nutzen sie unter anderem das Beispiel der Filmkamera[2], die nimmt ja auch nur wahr. Sie fügt weder etwas hinzu noch lässt sie etwas weg. Ihr ist es egal, ob ein, zwei, drei oder mehr Personen aufgenommen werden. Sie gibt alles wieder, wie es in Wahrheit ist. Aber die Menschen haben sich daran gewöhnt, mit dem Verstand zu denken und dann aus ihren eigenen, persönlichen Erlebnissen heraus zu beurteilen. Du kannst dir denken, wie viele verschiedene Ergebnisse von Beurteilungen dabei herauskommen.« Der Großvater ließ seine Worte einen Moment wirken. Schließlich sagte er: »Ja, genau, so viele, wie Menschen gerade diskutieren, denn jeder hat seine eigenen, ganz individuellen Erfahrungen gemacht und diese im Laufe seines Lebens gesammelt.«

»Oh Mann, sind die Menschen kompliziert!«, platzte es aus Linea heraus und sie grinste.

---

2) Aus diversen Vorträgen von Kurt Tepperwein.

»Das stimmt«, bekräftigte der Alte. »Aber nur so können sie die Erfahrungen machen, die sie sich vorgenommen haben. Jeder hat ja seinen freien Willen, und der steht, wie du weißt, über allem. Manchmal jedoch vergessen die Menschen, dass es trotz aller Freiheiten und des freien Willens Naturgesetze gibt. Das macht das Leben zwar spannend und aufregend, kann aber auch für den einen oder anderen von ihnen anstrengend sein.«

Dazu fiel Linea etwas ein: »So wie für Susann in den letzten Wochen zum Beispiel, oder, Bubschen?«

»Ganz genau! Aber Susann sucht ja unsere Hilfe. Sie scheint sich allmählich zu erinnern, dass wir alle eins sind. Dass sie verbunden ist. Und damit auch, dass sie uns um Hilfe bitten kann. Dann ist das Leben wieder ganz einfach und leicht. Hast du sie heute schon beobachtet?«

Natürlich musste der Großvater nicht auf die Antwort seiner Enkelin warten, denn er wusste es auch so. Dann ließ er sie noch eine Weile von ihren Gedanken und Beobachtungen erzählen und hörte achtsam und aufmerksam zu.

Wie man in den Wald hineinruft, so schallt es wieder heraus

*A*ls am Montagmorgen um sechs Uhr Susanns Wecker klingelte, brauchte sie einen Moment, um zu registrieren, dass Christian neben ihr lag. Ein freudiges Lächeln glitt über ihr Gesicht. Es war schön, ihn – und gerade in dieser etwas »ver-rückten« Zeit – an ihrer Seite zu haben. Als sie bemerkte, dass auch er wach war, gab sie ihm einen zärtlichen Kuss. »Guten Morgen, mein Schatz. Hast du gut geschlafen?« Als Christian lächelnd bejahte, traute sie sich zu fragen: »Ich habe dir doch von diesem Adventskalender erzählt – du erinnerst dich? Den von ›Deiner Mutmacherin‹. Hast du Lust, dir das heute mit mir zusammen anzuhören?« Nachdem er mit einem »Ja, gerne« zugestimmt hatte, griff sie nach ihrem Mobiltelefon, klickte den betreffenden Impuls an, kuschelte sich an ihren Freund und lauschte mit ihm gemeinsam der fröhlichen Stimme der Frau aus dem Adventskalender.

Hallo ihr Lieben. Willkommen beim siebten Tag oder Türchen unseres Adventskalenders von »Deiner Mutmacherin«. Eine neue Woche beginnt und ich durfte dich schon eine Woche lang begleiten, wofür ich so dankbar bin, besonders weil ich dich in dieser nicht ganz so einfachen Zeit unterstützen darf. Heute ist ein schöner Tag. Willkommen zu Tag sieben unserer kleinen Impulsreise. Heute möchte ich dich motivieren, mit mir in eine kleine Visualisierung zu gehen. Falls du noch im Bett liegst, schließe einfach die Augen. Solltest du schon aufgestanden sein, so suche dir ein ruhiges Plätzchen, an dem du gut und ungestört sitzen oder liegen kannst, mach es dir bequem und schließe für einen Moment die Augen. Atme einmal ganz tief ein ... und wieder aus ... Und komm bei dir an. Nun stell dir im Geiste deinen heutigen Tag vor, wie er sein wird. Aber bitte so, wie du ihn gerne hättest. Vielleicht steht dir ein Gespräch bevor und du stellst dir vor, wie es für dich im Idealfall und perfekt verlaufen wird. Geh deinen Tag vor deinem inneren Auge durch und spüre hinein, wie du dich in jeder Situation fühlen möchtest. So, wie es für dich perfekt ist. Nimm dir nun einen kleinen Moment – so lange, wie es für dich richtig erscheint, und stell dir deinen perfekten Tag vor ... und dann starte bitte gut in diesen wunderbaren, erfüllenden und zufriedenen Tag, in diese neue Woche, den Tag, der dir hoffentlich immer mal wieder ein Lächeln ins Gesicht zaubern wird. Fühl dich herzlich gedrückt. Deine Ilona, deine Mutmacherin[3]

Während der letzten Sätze war ruhige und entspannende Musik erklungen, die nun noch eine Weile weiterspielte. Susann und Christian blieben eine Zeit lang still liegen und hingen ihren Gedanken nach. Beide stellten sich den Tag vor und wie dieser nach ihren Wünschen aussehen sollte.

Erst nach einer Weile öffnete Susann die Augen und sah zu Christian hinüber, der völlig entspannt wirkte. »Es tut gut, sich den Tag vorzustellen«, sagte sie. »Ich hatte ganz verges-

---

3) Zu finden bei YouTube:
   »Deine Mutmacherin Adventskalender«

sen, wie wichtig unsere Gedanken und vor allem unsere Erwartungen an den Tag sind. Was hast du dir für den Tag vorgestellt, mein Schatz? Magst du es mir erzählen?«

»Klar, das erzähle ich dir gern«, erwiderte er. »Ich habe heute ein Gespräch mit einem wichtigen Kunden und hoffe, dass daraus ein Auftrag wird. Das wird zwar nicht einfach werden, aber ich habe mir vorgestellt, wie ich dem Mann alles genau erkläre und ihn am Ende davon überzeugen kann, dass er das Projekt mit uns macht.« Siegessicher grinste Christian über beide Wangen.

Susann gefiel, was ihr Freund sagte. »Ja, das schaffst du, da bin ich mir sicher. Du bist gut, und wahrscheinlich seid ihr auch die Besten für das Projekt dieses Kunden.« Ihr Tonfall war motivierend und sie ergänzte: »Heute ist ein schöner Tag.«

Schließlich erzählte auch Susann von ihrer Tagesvision. Mit diesen positiven Gedanken standen sie auf und frühstückten in Ruhe, bevor sie sich auf den Weg zur Arbeit machten.

Nachdem sie im Laden Malina und Sandra begrüßt hatte, teilte Susann ihren beiden Freundinnen mit, dass sie sich für heute vorgenommen hatte, jedem Kunden, egal wie er drauf war, ruhig und freundlich und stets mit einem Lächeln zu begegnen. »Und ich lass mich überraschen, wie sie darauf reagieren. Vor allem bei Herrn Müller bin ich gespannt.« Sie grinste und erntete erstaunte Blicke.

»Da bin ich jetzt aber neugierig!«, erwiderte Malina mit einem vielsagenden Blick. Herr Müller war nämlich eher einer der unangenehmen Kunden, einer, der immer etwas zu meckern hatte. So ein Typ Mensch, dem man es nie recht machen konnte. Jedes Mal, wenn er in den Laden kam, trug er einen Anzug und eine schwarze Krawatte. Zumindest erinnerte sich Susann nicht daran, ihn jemals anders gekleidet gesehen zu haben. Heute wollte er um Punkt zwölf Uhr vor dem Laden einen Präsentkorb abholen.

Die drei plauderten eine Weile, während sie die einzelnen Artikel für die heutigen Aufträge zusammensuchten und besprachen, wer sich um welchen Auftrag kümmerte. Rechtzeitig gegen Mittag waren sie mit ihren Vorbereitungen fertig.

Pünktlich um zwölf stand Herr Müller – adrett, wie gewohnt, im Anzug und mit schwarzer Krawatte – vor der Ladentür. Susann, Malina und Sandra hatten vor dem Laden drei Tische aufgestellt, um gemäß den gesetzlichen Bestimmungen mit dem entsprechenden Abstand Bestellungen aushändigen zu können, bevor sie sich um dreizehn Uhr auf den Weg machen wollten, um die restlichen Aufträge auszuliefern. Als Herr Müller mit griesgrämigem Gesicht an der Reihe war und zum Tisch vortrat, begrüßte Susann ihn mit einem herzlichen Lächeln. »Hallo Herr Müller! Schön, dass Sie da sind. Wir haben Ihren Korb wie gewünscht gefüllt und dekoriert.« Seinen grimmigen Kommentar – »Mal sehen, ob auch wirklich alles drin ist, was ich bestellt habe« – ignorierte sie. Auch davon, dass er die liebevoll gebundene Cellophan-Verpackung aufriss, um den Inhalt zu überprüfen, ließ sie sich nicht von ihrer guten Laune abbringen. Stattdessen erwiderte sie mit einem liebevollen Blick: »Prüfen Sie es gerne, Herr Müller. Es soll ja nichts fehlen.« Sie spürte die Blicke ihrer beiden Freundinnen und war stolz auf sich, weil sie auch innerlich völlig ruhig blieb. Normalerweise machte die Art von Herrn Müller sie nervös und er verunsicherte sie. Sie spürte, wie er sie prüfend ansah, blieb aber freundlich. Nachdem er den Korb genauestens inspiziert hatte, sagte er: »Scheint alles drin zu sein.« Schließlich bezahlte er den Betrag, den Susann ihm nannte. Sie gab ihm das Wechselgeld und verabschiedete ihn mit einem Lächeln und den Worten: »Ich wünsche Ihnen viel Freude beim Verschenken, Herr Müller, und haben Sie noch eine schöne Adventszeit.«

»Das wünsche ich Ihnen auch«, erwiderte Herr Müller. Susann freute sich, zumal der Kunde für gewöhnlich ohne Gruß von dannen ging. Während er sich abwandte, murmelte sie: »Heute ist ein schöner Tag.« Grinsend sah sie ihm hinterher.

Bei Sandra lief es kurz darauf nicht so positiv. Eine ältere Kundin, die ein Buch bestellt hatte, pflaumte sie lautstark an, weil Sandra ihrer Meinung nach nicht schnell genug war, und äußerte sich abfällig in Richtung einer zweiten Kundin, die ebenfalls etwas abholen wollte: »Schnecken sind schneller, ich möchte mich hier doch nicht anstecken!« Sandra, die bereits aufgrund der Situation mit ihrer Mutter angespannt und gestresst war, reagierte ebenso patzig: »Dann kaufen Sie Ihr Buch doch woanders! Wenn Sie online bestellen, können Sie sich nicht anstecken.«

Wie soll ich darauf reagieren?, fragte sich Susann, entschied sich dann aber, wie am Morgen beschlossen, ruhig zu bleiben, und ging zu den beiden Streithähnen hinüber. »Ich kann Ihre Sorge verstehen. Aber meine Kollegin gibt sich gerade alle Mühe, Ihnen Ihr Buch noch zu verkaufen, und das, obwohl sämtliche Geschäfte gerade geschlossen haben. Wir alle sind in Sorge bezüglich des Virus, deshalb stehen wir auch hier draußen.« Sie reichte der Kundin das

Buch, während sie Sandra einen verständnisvollen Blick zuwarf. »Wir wünschen Ihnen viel Freude mit dem Buch, und bitte bleiben Sie gesund!«

Die Frau sah sie verdattert an und erwiderte etwas verlegen: »Sorry, ich hab es nicht so gemeint. Wahrscheinlich sind wir alle ein wenig gereizt wegen dieser verrückten Zeit. Vielen Dank!« Während sie sich entfernte, wandte sich Susann an Sandra, die sonst nie unhöflich war und von der sie wusste, dass sie das Gesagte nicht böse gemeint hatte. »Ist gut, Sandra«, sagte sie und schenkte ihr einen mitfühlenden Blick. »Diese besondere Zeit und die für uns alle noch ungewohnte Situation macht uns zu schaffen. Geh gerne schon rein. Es sind ja nur noch zwei Bestellungen, die abgeholt werden. Währenddessen bediente Malina die andere Kundin, die das Geschehen mit hochgezogenen Augenbrauen verfolgt hatte.

Als Susann wenig später in den Laden zurückkehrte, sah sie Sandra in dem Korbsessel an der großen Fensterscheibe sitzen, die Ellenbogen auf die Knie gestützt und den Kopf in den Händen haltend. Intuitiv und wieder ohne über den Abstand nachzudenken, ging sie zu ihrer Freundin, bückte sich und nahm sie in die Arme. Eine ganze Weile hockte sie da, während Sandra hemmungslos weinte. Malina, die draußen die letzte Bestellung übergeben hatte, kam nun auch herein, schloss die Tür und setzte sich neben die beiden auf den Fußboden. Eine ganze Weile sagte keiner von ihnen ein Wort.

Erst nach einer gefühlten Ewigkeit brach Sandra das Schweigen. »Es tut mir leid, aber das kam einfach aus mir heraus. Warum kann man es zurzeit niemandem recht machen? Jeder scheint unter seiner Maske gereizt und gestresst zu sein.« Nach einer kurzen Pause fuhr sie an Susann gewandt fort: »Dafür, dass du vorhin bei Herrn Müller so cool sein konntest, Hut ab! Was ist das bloß für ein unangenehmer Mensch? Dabei war er früher immer so nett!«

»Alles gut, Sandra«, beruhigte Susann die verzweifelte Freundin. »Es ist so wichtig, dass wir in unserer Kraft bleiben. Habt ihr gesehen, wie lieb der Müller am Ende war? Ich glaube, wir müssen einfach mehr in die Ruhe und ins Vertrauen kommen. Ich kann deine Reaktion von vorhin verstehen, denke aber, wir drei sind weise genug zu wissen, wie wichtig es ist, dass wir die Befindlichkeiten unserer Kunden nicht auf uns beziehen. Und wenn wir einfach darüber hinwegsehen und freundlich reagieren ...« Sie hielt kurz inne. »Dann verändern sich vielleicht auch die Leute, so wie gerade eben Herr Müller. Der hat mir noch nie einen schönen Tag gewünscht oder mal Danke gesagt.« Mit einem liebevollen Blick auf ihre Freundin, aus deren Blick Scham und Verzweiflung sprach, ergänzte sie, während sie sich aus der Umarmung löste und aufstand: »Sandra, du hast dein Bestes gegeben. Alles ist gut. Lasst uns nun die letzten Bestellungen ausliefern und dann Feierabend machen.«

Die drei rappelten sich auf, verstauten die vorbereiteten Päckchen und Tüten in ihren Autos und verabschiedeten sich voneinander. Während Malina und Sandra losfuhren, kehrte Susann noch für eine Weile in den Laden zurück und setzte sich in den gemütlichen Korbsessel. Während sie dort saß, gingen ihr einige Fragen durch den Kopf: *Warum reagieren die Menschen manchmal so komisch? Wie bekomme ich es hin, dass meine Kunden am Ende alle wieder wie vorher, bevor das mit der Maske anfing, fröhlich und zufrieden sind?* Sie lehnte sich zurück, schloss die Augen und genoss den Moment der Ruhe. So saß sie eine ganze Weile regungslos da, als sie plötzlich ein wohlig-warmes Gefühl überkam. Es fühlte sich an, als strömte eine Welle von Wärme durch sie hindurch. Und auf einmal erinnerte sie sich an einen Bibeltext, was sie zunächst stutzen ließ, denn sie war kein Kirchengänger und schon gar nicht bibelfest. Dennoch musste sie an folgenden Satz denken: »Herr, vergib ihnen, denn sie wissen nicht, was sie tun.« Ihr wurde bewusst, dass ja jeder die Welt aus seiner eigenen Sicht sah. Jeder Mensch hatte seine Erfahrungen im Leben gemacht und viele waren wahrscheinlich aufgrund der täglichen Bekanntgabe der Fallzahlen und der Zahl der Toten in den Nachrichten sowie der unzähligen Reportagen bezüglich der Ausbreitung des Coronavirus verängstigt. *Vielleicht, überlegte Susann, ist es wirklich wichtig, dass wir es niemals persönlich nehmen, wenn jemand merkwürdig reagiert. Wie zum Beispiel Sandra, die mit ihrer privaten Situation überfordert zu sein scheint. So wie es sie mitnimmt, geht es vermutlich vielen anderen Kunden. Dass man da nicht immer entspannt sein kann, ist doch klar!* Diese Gedanken veranlassten Susann, ihren heute Morgen gefassten Vorsatz auch in den nächsten Tagen in die Tat umzusetzen. Sie wollte weiterhin ruhig bleiben, selbst wenn jemand sie weniger nett behandelte. Bei Herrn Müller hatte es ja schon gewirkt. Mit der gefassten Absicht im Kopf sank sie noch tiefer in den Korbsessel. Es dauerte nicht lange, da fiel ihr ein anderer Spruch ein: »Wie man in den Wald hineinruft, so schallt es auch wieder heraus.« *Ja, genau*, dachte sie und nahm sich vor, jetzt jeden Tag in die Visualisierung zu gehen, wie es die Mutmacherin am Morgen vorgeschlagen hatte, und sich vorzustellen, wie sie in jeder Situation freundlich blieb.

Einen Versuch war es doch wert. Bei dem Gedanken musste sie grinsen.

Leise seufzend öffnete sie die Augen und erhob sich. Schließlich waren noch ein paar Bestellungen auszuliefern.

Mit den Augen der Liebe sehen

»Bubschen, ist es denn so, dass, wenn jeder das Leben anders beurteilt, auch jeder eine andere Realität hat?« Ohne auf die Antwort ihres Großvaters zu warten, fuhr Linea gleich fort: »Dann würde ja keiner mehr die Wirklichkeit, so wie wir sie erleben, kennen. Aber wie kann dann jemand, zum Beispiel Susann, die in vollem Bewusstsein und im Jetzt und Hier ist, am besten damit umgehen?«

»Wow, Süße, zwei Fragen auf einmal!« Der Großvater lächelte. »Aber es sind außergewöhnlich gute Fragen für eine junge Schülerin, wie du es bist. Meine Hochachtung! Wenn der Mensch dann irgendwann erwacht ist und die Wirklichkeit begriffen hat, wenn er weiß, dass all das Materielle nur eine Illusion seiner Gedanken ist, dann kann er mit bedingungsloser Liebe und Empathie herangehen. Er erkennt, dass jeder andere seine Welt aus seinen eigenen Augen, geprägt durch seine Erfahrungen beziehungsweise durch den Verstand, sieht und analysiert. Mit diesem Wissen kann er Verständnis für die Sichtweisen des anderen entwickeln und ihm einfach mit Liebe begegnen. Das bedeutet nicht automatisch, dass er der Sicht des anderen zustimmt oder sie gar gutheißt, nein. Aber er kann sie stehen lassen und ganz selbstbewusst seine eigene Sichtweise vermitteln. Und das Schöne ist: Auch wenn es viele Menschen vergessen haben, sie sind alle miteinander verbunden. Wenn also eine Person mit Verständnis und Liebe die Beurteilung oder die Sichtweise eines anderen akzeptiert und diese einfach annehmen kann, wie sie ist, dann verändert sich auch etwas in der anderen Person. Sie spürt die Liebe und die Verbundenheit und kann sich dadurch öffnen, das Gesagte anzunehmen. Der Mensch würde sich fragen: Was würde die Liebe sagen?«

Während Linea dem Alten aufmerksam zuhörte, beobachtete sie das Geschehen auf der Erde. In diesem Augenblick sah sie, wie Susann, Malina und Sandra vor dem Laden hinter einer Tischreihe standen und ihren Kunden mit dem entsprechenden Abstand Bestellungen aushändigten. »Schau mal, Opi«, warf die Kleine ein und zeigte in Richtung Norden zu dem Ladengeschäft. »Meinst du das so, wie Susann es gerade macht? Ihre Mitarbeiterin, diese Sandra, hatte eben ein nicht besonders nettes Gespräch mit einer Kundin, und trotzdem war Susann liebevoll zu ihr und hat sie getröstet. Dabei hatte Sandra die Kundin aufgefordert, online, wie sie es nannte, zu kaufen. So was finden Chefs normalerweise nicht gut. Das fühle ich zumindest gerade so.« Fragend sah sie ihren Großvater an.

»Ganz genau!«, pflichtete der Alte seiner Enkelin bei. »Susann hat Mitgefühl, sie fühlt also mit Sandra, die gestresst ist, weil sie sich große Sorgen um ihre Mutter macht, und behandelt sie deshalb mit Liebe – mit bedingungsloser Liebe. Viele Menschen lernen als Kind, dass sie nur dann geliebt werden, wenn sie dies oder jenes tun, wenn sie so sind, wie man es von ihnen erwartet. Manch einer bekommt Sprüche wie »Wenn du still bist, bist du ein liebes Kind« oder »Wenn du das tust, dann bist du ein böses Kind« zu hören. Das heißt, diese Kinder entwickeln irgendwann den Glauben, dass sie sich Liebe verdienen müssen, dass also Liebe eine Bedingung hat, und meinen dann, sie seien nicht gut genug so, wie sie sind.«

»Das ist doch Quatsch!«, platzte es aus Linea heraus. »Jeder ist gut so, wie er oder sie ist.«

»Da hast du recht. Aber das haben sie irgendwann vergessen. Und wenn Menschen, wie Susann zum Beispiel, sich daran erinnern, dann treten sie den Menschen mit bedingungsloser Liebe entgegen, egal, wie sie sind oder wie sie gerade reagieren. Denk doch an den alten Herrn Müller. Der hat Susanns Liebe gefühlt, das konnte man ja vorhin deutlich sehen. Genauso wie die unfreundliche Kundin, der Susann ebenfalls liebevoll entgegengetreten ist, obwohl der Ausspruch, Schnecken seien schneller, nicht gerade höflich war.«

Linea verstand nun mehr und mehr, wie die Erdenwesen da unten tickten. Eine Zeit lang tat sie keinen Mucks und der Alte wusste, dass das Gesagte bei seiner Schülerin erst einmal sacken durfte. Deshalb sah er sie nur liebevoll an und schwieg. Gleichzeitig spürte er, dass Linea Susann noch immer beobachtete. Susann hatte sich in einen Korbsessel nahe der großen Fensterscheibe gesetzt, nachdem ihre Mitarbeiterinnen losgefahren waren, um die letzten Bestellungen auszuliefern. Linea und ihr Großvater lauschten, als sich Susann innerlich fragte: *Warum reagieren die Menschen manchmal so komisch? Wie bekomme ich es hin, dass meine Kunden am Ende alle wieder wie vorher, bevor das mit der Maske anfing, fröhlich und zufrieden sind?*

Auf einmal beendete Linea ihr Schweigen: »Na ja, wenn du in den Wald ›Scheiße, Scheiße, Scheiße‹ hineinrufst, dann erwartest du doch auch kein Echo, das sich wie ›Ich liebe dich‹ anhört. Oder, Susann? Und die Kunden sind doch nur so komisch und gereizt, weil sie immer alles be- und verurteilen. Das ist doch völlig verständlich. Schenk ihnen einfach, wie du es vorhin schon gemacht hast, deine Liebe. Deine Liebe, und zwar ohne Bedingungen daran zu knüpfen, und hab einfach Verständnis. Verzeih ihnen, schließlich wissen sie nicht, was sie da gerade tun. Sie sehen im Augenblick nicht die echte Wahrheit, sondern nur ihre persönliche Realität, wie ihr Verstand es ihnen aufzeigt. Und der Verstand eines jeden einzelnen Menschen weiß doch nur das, was die Person ihm antrainiert hat.« Ihre Worte hatte sie nicht in Richtung ihres Großvaters verlauten lassen, sie hatte zu Susann gesprochen. Und während sie Silbe für Silbe aussprach, floss eine leuchtend helle Welle, so schön wie weißes Licht, von ihr zu Susann in den Laden.

Ihr Großvater hatte das Ganze beobachtet. Er war stolz auf seine Enkelin, die schon so viel gelernt zu haben schien. Er blieb einfach schweigend neben ihr sitzen und schenkte ihr einen warmherzigen und liebevollen Blick.

Eine nette Überraschung

*W*ährend Susann im Auto saß und zum ersten Kunden fuhr, spürte sie noch immer Wärme und Glückseligkeit in sich. Sie hatte keine Ahnung, woher es kam, aber auf einmal glitt ein Lächeln über ihr Gesicht und sie wusste: Alles wird gut. In der Brauerstraße angekommen, brachte sie die erste Lieferung zu einem Kunden, der auf einem kleinen Resthof lebte. Sie hatte das Paket selbst gepackt. Darin befanden sich viele kleine Präsente, vorwiegend Figuren oder Formen aus Holz. Herzen, ein Schwan in einem Herz und eine Miniaturkrippe aus Olivenholz sowie eine Liebespaar-Skulptur. Letztere hatte es Susann angetan, weshalb sie gleich nach dem Erhalt der Figuren, die sie von einem afrikanischen Händler erworben hatte, eine beiseitegelegt hatte, um sie Christian zu schenken. Sie war neugierig zu erfahren, ob sie ihrem Freund genauso gut gefiel wie ihr.

Als sie auf die Auffahrt des Hofes fuhr, bemerkte sie, dass das Gebäude in die Jahre gekommen war. An vielen Stellen bröselte die Oberfläche der Fassadensteine ab, trotzdem machte das Haus einen gemütlichen und heimeligen Eindruck. Susann war gespannt, wer hier wohnte. Sie kannte die Bewohner nicht, die Bestellung war per E-Mail eingegangen. Da jedoch die bestellten Gegenstände so exakt beschrieben waren, musste sie davon ausgehen, dass die

Person schon mindestens einmal bei ihr im Laden gewesen war, denn längst nicht alles, was sie in den Karton gelegt hatte, war auf ihrer Homepage zu finden. Seit Beginn des Lockdowns war sie zwar bemüht, ihr Online-Angebot auszuweiten, aber das brauchte seine Zeit, hatte sich doch ihr Hauptgeschäft bisher im Laden abgespielt und nicht im Internet. Als sie mit dem Karton um das Haus herumging, weil sie dahinter den Eingang vermutete, vernahm sie das Lachen eines Kindes. Als sie näher kam, hörte sie weitere Stimmen. Ihre Neugier, die Bewohner betreffend, die, wie Malina ihr erzählt hatte, erst kürzlich hier eingezogen waren, wuchs mit jedem Schritt. Dann sah sie die Kinder. Es waren drei – zwei Mädchen und ein Junge. Sie lachten und liefen um eine kleine Schaukel herum, die an langen Seilen in einem großen Baum hing. Nachdem die drei sie entdeckt hatten, kamen sie fröhlich auf sie zu und begrüßten sie mit einem zweistimmigen Hallo. Lächelnd erwiderte Susann die Begrüßung. Das dritte Kind, ein kleiner Junge von geschätzt acht bis zehn Jahren, blieb hinter der Schaukel stehen und beobachtete das Geschehen. Susann sah ihn an und rief auch ihm ein liebevolles Hallo herüber.

»Joshua kann nicht sprechen«, sagte eines der beiden Mädchen leise zu Susann. Es war eher ein Flüstern, so als wollte es nicht, dass der Junge ihre Worte hörte.

»Oh, okay.« Susann konnte den Blick nicht von dem Jungen wenden. Im Nachhinein kam es ihr vor, als hätte er sie hypnotisiert. Auf jeden Fall war es ein magischer, fast schon unheimlicher Moment. Sie schüttelte unmerklich den Kopf und sah zu den beiden Mädchen hinüber. »Sind eure Eltern zu Hause?«

»Ja klar, komm mit!« Während sie das sagte, fasste die Größere der beiden Susann am Arm und zog sie in Richtung der Haustür. »Komm mit rein«, forderte sie sie wie selbstverständlich auf, als sie am Eingang angekommen waren.

Susann zögerte. *Ich kann doch nicht einfach in ein fremdes Haus gehen*, überlegte sie. Doch bevor sie eine Entscheidung treffen musste, hörte sie von innen eine Frau rufen. »Komm ruhig rein, wir sind hier hinten in der Küche!« Die Stimme klang freundlich, sodass Susann rasch ihre Maske, die sie bei Kundenbesuchen immer mitnahm, aus der Tasche zog, sie aufsetzte und den beiden Mädchen intuitiv durch die Diele folgte, bis sie vor der Arbeitsplatte in einer geräumigen Küche eine junge Frau mit Rastalocken und einem sympathischen Lächeln stehen sah. »Oh, du bringst unsere Bestellung, wie schön! Wenn es für dich okay ist, komm gern in die Küche und stell den Karton dort auf den großen Tisch.« Wie automatisiert trat Susann an den einladend wirkenden Holztisch, nicht ohne zu registrieren, wie idyllisch und behaglich auch das Innere des Hauses auf sie wirkte. Ihr kam das Wort »Wohlfühloase« in den Sinn und es verschlug ihr für einen Moment die Sprache. Die junge Frau plapperte sogleich weiter: »Ich bin Lisa.« Sie wollte Susann die Hand reichen, zuckte aber gleichzeitig zurück. »Ups, sorry«, sagte sie, »Macht der Gewohnheit. Magst du dich setzen und einen Tee mit uns trinken? Ich habe gerade einen fertig.«

Susann war völlig überrumpelt, aber ihr war nicht unwohl. Im Gegenteil, es fühlte sich gut an, fast als hätte sie eine Freundin auf eine Tasse Tee eingeladen. Wie in Trance erwiderte sie: »Warum nicht. Gerne.« Dann besann sie sich ihrer guten Manieren und sagte: »Ich bin übrigens Susann. Sehr gemütlich habt ihr es hier. Ich wusste bis gestern nicht, dass jemand in diesem alten Gebäude wohnt.«

Während Lisa eine Teekanne und zwei Tassen auf den Tisch stellte, sagte sie zu den beiden Mädchen, die bereits am Tisch saßen: »Rutscht ihr bitte ein Stück, damit sich Susann zu uns setzen kann? Vielleicht möchte sie etwas Abstand haben. Wollt ihr auch einen Tee oder soll ich euch eine heiße Schokolade machen?«

»Oh ja, heiße Schokolade bitte!«, kam es wie aus der Pistole geschossen. Währenddessen trat Lisa mit der Teekanne an den Tisch. »Deine Maske kannst du ruhig abnehmen«, sagte sie zu Susann. »Der Tisch ist groß genug, sodass wir nicht zu dicht aufeinanderhocken.« Lächelnd schenkte sie ihr Tee ein.

»Vielen Dank, wie lieb, mit einer so netten Einladung hatte ich heute gar nicht gerechnet.« Susann lächelte. »Im Moment sind alle Menschen auf Abstand und sie wirken so gestresst. Das scheint hier bei euch ganz anders zu sein.« Aus den Augenwinkeln sah sie plötzlich den Jungen im Türrahmen stehen und fragte aus dem Affekt heraus: »Joshua, möchtest du dich zu mir setzen?« Sie winkte ihn einladend zu sich heran. Als der Junge zögerlich auf sie zukam, nahm sie die überraschten Gesichter der anderen wahr, doch zunächst sagte keiner von ihnen etwas. »Möchtest du auch Kakao?«, fragte Susann und bot dem Jungen mit einer Handbewegung den Platz neben sich an. Er setzte sich, den scheuen Blick die ganze Zeit auf Susanns Augen gerichtet. Ein kurzer Moment der Stille entstand.

»Wir sind erst kürzlich hierhergezogen«, unterbrach Lisa das Schweigen und stellte drei weitere Tassen auf den Tisch. Sie schob eine zu Joshua und die anderen beiden zu den

Mädchen hinüber. »Wir kommen aus der Lüneburger Heide, aber John, mein Mann, hat hier eine neue Arbeit gefunden. Er ist Maler.«

Während Lisa einen Bottich mit Milch aus dem Kühlschrank und eine Packung Kakaopulver aus einem der Schränke nahm, stellten sich nun auch die Mädchen vor. Die Größere hieß Janina und die Kleinere Jule. Abwechselnd erzählten die beiden ihre Geschichte. Sie sprachen von dem Umzug und von ihren alten Freunden und Susann entspannte sich spürbar. *Was für eine ungeahnte Wendung der Tag genommen hat!*, dachte sie. Sie verfielen in ein anregendes Gespräch, fast so, als würden sie sich schon ewig kennen. Als Susann irgendwann auf die Küchenuhr sah, erschrak sie und sprang abrupt auf. »Oh Mann, ich habe doch noch mehr Bestellungen auszuliefern! Was für eine nette Überraschung, dass ich euch heute kennenlernen durfte. Vielen Dank für den Tee.« Sie schenkte Lisa ein Lächeln. Dann richtete sie das Wort an Jule und Janina. »Danke, dass ihr mich eingeladen habt, zu euch ins Haus zu kommen, und dass ihr so vertrauensvoll von euch erzählt habt. Aber nun muss ich weiter. Es hat mir richtig gutgetan, bei euch zu sitzen.« Zuletzt drehte sie sich zu Joshua um und sagte: »Und klasse, dass ich neben dir sitzen durfte.« Daraufhin wandte sie sich zur Küchentür, um sich auf den Weg zu machen. In diesem Moment ahnte sie noch nicht, was sie Bedeutungsvolles zu dem kleinen Jungen gesagt hatte.

»Wir haben uns sehr gefreut, Susann!«, rief Lisa ihr hinterher. Sie blieb stehen, drehte sich noch einmal um und winkte, als Lisa plötzlich einfiel, dass sie ihre Ware noch gar nicht bezahlt hatte. Alle lachten, während Lisa ihr Portemonnaie holte und die Rechnung beglich. Dann verabschiedete sich Susann endgültig. Beim Rausgehen hörte sie Jule sagen: »Komm uns doch mal wieder besuchen!«

Als Susann im Auto saß, dachte sie: *Was für eine schöne Überraschung! Das tat ja richtig gut. Was für nette Menschen die vier doch sind!* Sie schnallte sich an und fuhr los, um die restlichen Pakete auszuliefern.

Als sie später ihre Haustür aufschloss, klingelte das Telefon. Es war Christian. Sie sprachen fast zwei Stunden miteinander. Nachdem er von seinem Tag berichtet hatte, erzählte Susann ihm in aller Ausführlichkeit von ihrer Einladung zum Tee bei Lisa und den drei Kindern. Christian hörte ihr aufmerksam zu. Schließlich hatte Susann eine Eingebung. »Mir wird gerade etwas bewusst, Schatz. Erinnerst du dich an den Impuls von ›Deiner Mutmacherin‹? Diese Visualisierung, von der sie heute Morgen erzählte?« Sie wartete nicht auf eine Antwort, sondern sprach gleich weiter: »Ich habe mir heute Morgen nette Begegnungen mit fröhlichen Gesprächen gewünscht und sie mir auch vorgestellt. Dabei habe ich natürlich eher an den Laden gedacht. Das ist doch schon fast unheimlich, oder?« Sie lachte und wusste genau, was Christian jetzt dachte. Nach einer Weile fragte sie: »Und was ist aus deinem schwierigen Kundengespräch geworden?« Christian antwortete mit den Worten »Bingo, ich hab den Auftrag!« und einem kleinen Jubelschrei. Was für ein besonderer Tag war das für sie beide gewesen, über den sie sich noch einige Zeit austauschten.

Nachdem Susann sich liebevoll von ihrem Freund verabschiedet hatte, erledigte sie noch die Büroarbeit und machte dann endgültig Feierabend. *Was geht es uns doch gut!*, dachte sie und ließ den Tag ruhig und entspannt ausklingen.

Im Einklang mit der Natur

*D*er Himmel war nicht typisch blau, wie sonst üblich, er war heute eher von roten und gelben Farbtönen durchzogen. Linea und ihr Großvater saßen auf einer sehr breiten und langgezogenen Wolkendecke oberhalb eines kleinen Spaltes, der es ihnen erlaubte, auf die Erde herunterzuschauen. Hinter ihnen leuchtete der Mond. Linea wusste aus dem Unterricht, dass es gerade eine besondere Zeit war. Die Sterne hatten eine außergewöhnliche Konstellation angenommen, die nur selten vorkam. Und es war Prüfungs- und Schutzengelzeit. Neugierde und freudige Erwartung schwebten in ihr wie ein kleiner, hell glühender Ball. Sie hatte mitbekommen, dass es keine einfache Zeit für die Erde und all ihre Wesen war, was die Sache noch spannender und aufregender machte. Gemeinsam mit ihrem Großvater betrachtete Linea das Chaos auf der Erde. Kein Kontinent schien davon ausgenommen zu sein. »Können die Menschen noch etwas verändern?«, fragte sie nach einer Weile.

»Aber ja doch!« Der Alte nickte. »Sie könnten wieder mehr im Einklang mit der Natur leben. Und sie könnten die Tiere wieder mehr achten. Gehört doch alles zum Kreislauf des Lebens. Wie sie die Tiere halten, ist nicht im Sinne der Einheit. Erinnere dich daran, was sich verändert hat, als es für die Menschen zum ersten Lockdown kam. Als die Flugzeuge größtenteils am Boden blieben und unzählige Autos den ganzen Tag lang nicht bewegt wurden, weil die Leute im Homeoffice waren. Wie sich da die Natur erholt hat! Oder – das hat natürlich nichts mit diesem Virus zu tun – was verändert wurde, als die Menschen erkannten, wie wichtig die Bienen sind. Ohne sie werden Pflanzen nicht bestäubt, ohne das Bestäuben gibt es keine Landwirtschaft und ohne Landwirtschaft keine natürliche Nahrung. Ja, den Menschen bieten sich viele Möglichkeiten, das Ruder herumzudrehen. Aber sind sie auch dazu bereit? Oder gibt es welche, die das alles gar nicht wollen? Menschen, die aufgrund dringend nötiger Maßnahmen womöglich Macht und Ansehen verlieren würden? Vielleicht stehen ihnen auch die Bequemlichkeit oder lieb gewonnene Gewohnheiten im Wege.«

»Was genau können sie im Moment tun?«, fragte Linea. »Was können sie verändern, um die Situation zu retten?«

»Unter anderem könnten sie sich wieder mehr auf die Natur und ihre Erde besinnen und – wie ich eben schon sagte – nochmals mehr im Einklang mit ihr leben. Allein wenn der Mensch heute hinaus in den Wald geht, erfährt er Heilung. Kurzfristige Veränderungen reichen allerdings nicht, sie müssen langfristig und auf breiter Ebene geschehen. Und vor allem müssen sie nachhaltig sein. Die Erdenbürger dürfen sich wieder der Einheit und Verbundenheit bewusst werden. Sprüche wie ›Gemeinsam sind wir stark‹ und ›Zusammen schaffen wir das‹ sollten ihre Motivation sein. Gegenseitig, miteinander und füreinander.«

Linea dachte über die Antwort ihres Großvaters nach. Mit besorgtem Blick fragte sie: »Werden sie es schaffen, Bubschen?«

»Ja, sie schaffen das! Die Erde unterstützt sie schon mit ihrer stärker werdenden Lichtenergie. Sie reicht ihnen sozusagen die Hand. Aber die Bevölkerung muss die Hand auch ergreifen und einschlagen, wie sie es nennen. ›Give me five‹, sagen sie dazu doch, oder?« Beide konnten sich ein Grinsen nicht verkneifen. »Im Augenblick entsteht eine schönere, friedvollere und liebevollere Welt, was, aus der heutigen Situation betrachtet, schwer zu glauben ist – zumindest für die Menschen dort unten.«

Für einen Moment war es still. Der Großvater und seine Enkelin ließen ihren Blick über das Geschehen auf der Erde schweifen.

Linea wirkte in sich gekehrt, als sie die nächste Frage stellte. »Opi, mir fällt auf, dass die wegen des Sterbens eine solche Panik machen. Warum ist das so? Sterben ist doch nur der jeweilige Übergang und wir sind jedes Mal bei ihnen. Bei jedem einzelnen Wechsel, sowohl bei der Geburt als auch beim Tod. Und dann wieder bei der erneuten Geburt. Haben sie das etwa auch vergessen?«

»Ja und nein«, antwortete der Alte. »Ich habe immer mehr das Gefühl, dass sie einfach zu beschäftigt sind. Einerseits zu beschäftigt, um sich zu vergegenwärtigen, dass der Tod Teil ihres Weges ist. Dass nur ihre Hülle – oder wie einer ihrer menschlichen Lehrer[4] es nannte, nur ihre Schuluniform – vergeht. Andererseits zu abgelenkt, um die Erfahrungen auf der Erde zu genießen. Sie ›arbeiten‹, wie sie es nennen, oder üben einen Job aus, statt ihrer Berufung zu folgen, und eines Tages merken sie, dass sie die Zeit auf Erden gar nicht wirklich genutzt und genossen haben. Dann registrieren sie, dass sie

---

4) Aus diversen Vorträgen von Kurt Tepperwein.

vieles versäumt haben. Menschen, die wissen, dass sie die Erde bald verlassen werden, zum Beispiel weil sie sehr krank sind, bereuen selten, was sie getan und was sie ausprobiert haben, selbst wenn sie vieles davon rückblickend betrachtet falsch gemacht haben. Häufig jedoch bereuen sie, was sie nicht getan oder ausprobiert haben.«

Linea grübelte. »Aber wie können sie denn herausfinden, was ihre Berufung ist, wenn sie, wie du sagtest, vergessen haben, wer sie sind? Wenn sie ihr Herz verschlossen haben?«

»Das ist gar nicht so schwer, wie sie oft denken«, antwortete der Großvater. Sie müssen einfach nur ihrem Gefühl folgen. Wenn sich etwas gut anfühlt, dann machen sie mehr davon. Wenn sich etwas nicht so gut anfühlt, dann lassen sie es sein. Aber das Gefühl können sie nur spüren, wenn sie in der Stille und in Ruhe sind. Solange sie rotieren, tun und schaffen, registrieren sie ihre Gefühle nicht und nehmen sich nicht mehr bewusst wahr. Gerade das bewusste Wahrnehmen ist jedoch der Schlüssel. Und wenn sie ›wahrnehmen‹. Du erinnerst dich? Wahrnehmen kommt von ›wahr‹ und ›nehmen‹. Die Sprache schenkt ihnen übrigens ganz oft kleine Brücken, die zur Erkenntnis führen können. Das nur am Rande«, sagte der Alte und kam damit auf das bereits Gelernte zurück. »Kommen wir noch einmal zu deiner Frage: Die Menschen brauchen Klarheit bezüglich dessen, was sich gut anfühlt und was ihnen Spaß macht. Sie müssen also eine Zielklarheit gewinnen. Dann fühlen sie sich gedanklich und geistig darein, erleben es also schon einmal in ihrer Fantasie, und schwups – wie in ihren alten ›Pan Tau‹-Filmen –, ist es einfach da und manifestiert. Das Gesetz der Resonanz kann nicht anders. Die Energie unterscheidet nicht zwischen der sogenannten Realität und der Fantasie. Und die Energie, die wir aussenden, erhalten wir zurück. Wie ein Bumerang – du erinnerst dich?« Als Linea nickte, ergänzte er: »Schau mal: Wenn ein Mensch jemanden anlächelt und dieser Jemand bemerkt es, dann muss er sich schon sehr bewusst anstrengen, das Lächeln nicht zu erwidern.« Als wollte der Alte das Gesagte verdeutlichen, lächelte er seine Enkelin an, die daraufhin ebenfalls lächelte.

Fröhlich ließ Linea das Gesagte sacken. Erst nach einer ganzen Weile brach sie das Schweigen. »Wollten wir nicht heute auch das Engelsein beginnen?« Sie zwinkerte ihrem Großvater verschmitzt zu, woraufhin dieser laut zu lachen begann. Er war stets von Neuem amüsiert über die Neugier und die Wissbegier seiner Enkelin.

»Du bist doch schon ein Engel, meine Kleine. Außerdem hast du gestern bereits einen Engeldienst geleistet – vermutlich völlig unbewusst.« Er zwinkerte zurück.

»Was genau bedeutet denn Engelsein?« Ohne auf die Antwort ihres Großvaters zu warten, platzte es aus Linea heraus: »Ich habe schon einiges über das Thema gegoogelt.« Als sie das letzte Wort ausgesprochen hatte, musste sie laut lachen, wusste sie doch, dass solche Begriffe bei ihnen keine Relevanz hatten, schließlich verfügten sie über ihre eigene Wissensbibliothek. »Engelsein bedeutet wohl auch ›da sein‹, oder?«

»Das ist ein schönes Synonym, das ich noch nicht kannte, aber klasse!«, lobte der Alte. »Weißt du, Linea, manche Engel bieten einfach Schutz und sie passen auf, dass den Menschen ausschließlich Gutes widerfährt. Allerdings verstehen die Menschen das nicht immer, weil sie ja, wie wir schon besprochen haben, ihre eigenen Bewertungen zugrunde legen, um festzuhalten, was für sie gut ist und was nicht. Aber mal in der Wahrheit und nicht in der Realität gesprochen: Schutzengel sorgen dafür, dass den Menschen nur Gutes widerfährt, etwas, was ihnen während der Umsetzung ihres Seelenplanes hilft, damit sie vorwärtskommen und nicht immer wieder vom Weg abdriften. Viele Engel beantworten auch Fragen. Die Menschen mit ihrem Verstand schlagen sich ständig mit Fragen herum, weil sie gerne analysieren und eben verstehen wollen. Nein, Schutzengel geben nicht immer direkt eine Antwort, aber sie helfen den Menschen, ihre Antworten selbst zu finden. Sie schubsen sie also immer mal wieder in die richtige Richtung und verhelfen ihnen auf diese Weise zu ihren Antworten. Fragen kommen übrigens nur, wenn es auch Antworten für die Erdenbürger gibt. Solange es keine Antworten gibt, haben sie auch keine Fra...«

»Und wann darf ich ein Engel sein?«, unterbrach Linea die Erklärung ihres Großvaters.

»Du bist es längst, aber auch du darfst dich jetzt noch mal wieder daran erinnern. Als du neulich zu Susann gesprochen hast, ist das Gesagte nicht auf dem Weg zur Erde verpufft. Was du gesagt hast, ist nicht verflogen. Susann hatte durch dich eine Eingebung. Manche Menschen sehen stattdessen Bilder, oftmals riechen oder fühlen sie die Antworten auch. Das hängt immer davon ab, welcher Kanal bei ihnen am weitesten geöffnet ist. Da sind die Menschen sehr unterschiedlich. Aber jeder von ihnen versteht dich.« Der Alte hielt kurz inne, um seine Worte wirken zu lassen, und sprach schließlich weiter. »Natürlich verstehen sie dich nur, wenn sie bereit sind zuzuhören. Du kannst also niemals jemanden vollplappern, der das, was du zu sagen hast, nicht hören möchte. Deshalb zum Beispiel muss ein Schutzengel manchmal besonders laut rufen, damit die beschützte Person es versteht und sie nicht noch weiter von ihrem selbst geplanten Weg abkommt. Zum Teil verspüren die Menschen es zunächst als Eingebung, und wenn es nicht gehört wird, aber wichtig für sie ist, dann gibt der Engel Klopfzeichen, die der Mensch beispielsweise als physisches Symptom wahrnimmt. Wenn er dann immer noch weiter in die falsche Richtung läuft, werden die Klopfzeichen lauter und die betreffende Person nimmt sie als sogenannte Krankheit wahr. Aber wie du schon in der ersten Himmelsklasse gelernt hast, lautet das oberste Gesetz: Jeder Mensch hat seinen freien Willen. Er kann sich jederzeit entscheiden, die Klopfzeichen zu überhören und einen anderen als seinen geplanten Seelenweg zu gehen. Dann fühlt es sich für ihn allerdings oft schwer und steinig an. Das ist das, was wir während der letzten Tage so oft dort unten gesehen haben.«

Nach einem tiefen Atemzug verkündete der weise Mann: »Und nun genug für heute. Du darfst gerne noch hier sitzen bleiben und alles, was du gelernt hast, verarbeiten. Ich kümmere mich jetzt mal um ein paar Schwestern und Brüder und wir sehen uns später.« Mit den letzten Worten war er bereits aufgestanden. Winkend machte er sich auf den Weg über die Wolkendecke.

Das erste Wort

*D*er Wecker klingelte. Es war sechs Uhr. Susann reckte und streckte sich und griff als Erstes zu ihrem Smartphone. Nicht um Aufträge zu checken, sondern um sich noch im Bett den heutigen Impuls aus dem Adventskalender von »Deiner Mutmacherin« anzuhören. In den vergangenen Tagen hatte es positiv inspirierende Impulse zu den Themen Bewegung, Dualität, Verbundenheit, Ärgern, Loslassen und »Bleib du selbst« gegeben.

Nachdem sie die Ohrstöpsel in die Ohren gesteckt und auf die Play-Taste getippt hatte, vernahm sie die ihr inzwischen schon so vertraute, freundliche und fröhliche Frauenstimme:

Guten Morgen, ihr Lieben! Willkommen zu Tag zwölf deines Adventskalenders von »Deiner Mutmacherin«. Heute ist ein schöner Tag ... Vielen Dank für all die liebevollen Rückmeldungen. Ihr habt mich sehr berührt und ich bin immer noch geflasht und überwältigt. Ich freue mich so sehr, was meine Worte mit euch Positives machen. Das ist so ein großes Geschenk für mich. Danke, danke, danke! In diesen Tagen stecken viele Menschen in der Angst, deshalb möchte ich mich heute genau diesem Thema widmen. Es gibt die zwei Hauptgefühle: Das ist auf der einen Seite die LIEBE und auf der anderen Seite die ANGST. Zu beiden Gefühlen gehören sehr viele andere Gefühle, die ihnen zuzuordnen oder auch unterzuordnen sind. Aber eines ist wichtig zu wissen: Diese beiden Empfindungen können nie gleichzeitig existieren. Entweder bist du in der Liebe oder du bist in der Angst. Und weil das so ist und wir gerade überall in der Welt feststellen, wie stark die Angst die Menschen runterdrückt, ist das ein essenzielles Thema. Extrem, weil die Angst auch – und das ist wissenschaftlich bewiesen – unser Immunsystem und unsere Abwehrstoffe schwächt. Das ist in diesen Tagen noch ein Grund on top, um sich damit auseinanderzusetzen. Aus diesem Grunde möchte ich dich heute dazu motivieren, dir anzusehen, wie viel Zeit du gerade in der Angst bist. Und sollte das bei dir nicht wenig sein, dann lade ich dich ganz bewusst ein, diese zu minimieren, um deine Gesundheit zu schützen. Du wirst dich jetzt vielleicht fragen, wie du das in dieser besonderen Zeit tun kannst. Das ist eine gute Frage! Dieser Kalender ist eine mögliche Antwort. Meine heutige Idee dazu ist allerdings: Geh in die Freude und Fröhlichkeit. Wenn du in der Freude bist, kann die Angst nicht gleichzeitig da sein. Denn Freude und Fröhlichkeit sind zwei untergeordnete Gefühle von der Liebe. Im Moment ist ja sehr vieles, was uns Spaß und Freude macht, verboten. Freizeiteinrichtungen haben geschlossen und Unterhaltungsveranstaltungen sind nicht möglich. Aber es gibt noch viel mehr Dinge, die uns Freude machen und die nicht verboten sind. Das kann sein: Musik hören, zu Hause singen, mit lieben Menschen telefonieren, ein gutes, motivierendes und inspirierendes Buch lesen, lachen, Menschen liebe Worte sagen und, und, und. Einiges hast du ja in den ersten Tagen des Kalenders schon umge-

setzt. Und jetzt lade ich dich ein, kreativ zu sein. Was macht dir Freude? Was stimmt dich fröhlich? Wenn du magst, geh eine Zeit lang in dich und überlege noch mal: Was ist es, das dir Freude bereitet? Und dann tue es, immer und immer wieder. Das verdrängt deine Angst und schützt somit auch dein Immunsystem und deine Abwehrstoffe, ist also auch eine gute Gesundheitsprävention. Ich wünsche dir nun einen wunderbaren, angstfreien und fröhlichen Tag, einen Tag mit kleinen, ablenkenden Freuden. Fröhliche und vielleicht auch lachende Augenblicke. Fühl dich herzlich umarmt. Deine Ilona, deine Mutmacherin

Dann erklang noch, wie bei jedem Adventskalendertürchen, ein paar Minuten lang diese schöne, beruhigende Melodie, die Susann nutzte, um das soeben Gehörte sacken zu lassen und zu überlegen, was sie an diesem Tag tun konnte, um eine Extraportion Freude in ihren Tag zu holen. Dann kam ihr noch der Traum von letzter Woche in Erinnerung. *Das mit der Liebe und der Angst – hatte das nicht auch der Mann neben dem Mädchen auf der Wolke gesagt?*, fragte sie sich. *Ja, stimmt*, dachte sie und ließ den Traum vor ihrem geistigen Auge Revue passieren. Im Anschluss daran ließ sie ihre Augen noch einen Moment geschlossen, um sich den heutigen Tag wie gewünscht vorzustellen. Das tat sie, seit sie das siebte Kalendertürchen gehört hatte, inzwischen jeden Morgen und registrierte, wie sehr es ihren Alltag positiv beeinflusste. Schon seit Tagen hatte sie morgens nicht mehr wiederholt auf den Wecker gehauen, um noch ein paar Minuten zu schlafen. Im Gegenteil, sie wachte mit einem fröhlichen Gedanken auf und freute sich auf den morgendlichen Impuls sowie auf den bevorstehenden Tag.

So begann auch ihr heutiger Tag – es war ein Samstag – mit guter Laune und Leichtigkeit. Nach einer Weile öffnete sie die Augen, sagte laut vor sich hin: »Heute ist ein schöner Tag!« und sprang mit Fröhlichkeit und Schwung aus dem Bett. Am Nachmittag würde Christian zu ihr kommen und auch bei ihr übernachten. Der Gedanke daran löste ein erneutes Lächeln in ihr aus. Heute Vormittag wollte sie ein paar Geschenke und Pakete ausliefern und spätestens gegen Mittag ins verdiente Wochenende übergehen. Weil sie wusste, dass sie die Arbeit gut allein schaffen konnte, hatte sie Malina und Sandra freigegeben. In der letzten Woche waren Tag für Tag immer weniger Bestellungen eingegangen. Das war zu erwarten gewesen, denn allmählich hatten sich die meisten mit Geschenken eingedeckt. Susann rechnete aber während der letzten Tage vor dem Fest noch mal mit einem Ansturm, verursacht durch die sogenannten Last-Minute-Besteller. Die, die sonst auch immer erst an Heiligabend in die Geschäfte stürmten, weil für sie ganz plötzlich und unerwartet Weihnachten war. Bei dem Gedanken musste Susann schmunzeln.

Nach dem Frühstück fuhr sie also ganz entspannt zu ihrem Laden, um die Bestellungen zusammenzupacken. In den letzten Tagen hatte sie nur mit entspannten Kunden zu tun gehabt, ganz im Gegensatz zu Sandra und Malina, die auch weiterhin über gereizte und gestresste und teilweise meckernde Kunden klagten. Plötzlich kam ihr der Gedanke von letzter Woche noch einmal in den Sinn: »Wie es in den Wald hineinruft, so schallt es auch wieder heraus.« Mehr und mehr registrierte sie, wie ihre eigene innere Einstellung und ihr Vorsatz, stets freundlich auf die Kunden zuzugehen, egal, wie sie sie begrüßten oder mit ihr sprachen, sich auch auf ihr Gegenüber auswirkte. Selbst Herr Müller, der vor zwei Tagen eine weitere Bestellung per Telefon aufgegeben hatte, war auffallend freundlich gewesen. *Malina hatte das Gespräch angenommen und den Hörer mit den Worten »Herr Müller möchte dich sprechen« an mich weitergegeben. Vielleicht sollte ich mit meinen Mädels mal darüber sprechen*, überlegte Susann. Allerdings fragte sie sich auch, ob die beiden das richtig verstehen oder ob sie es als herablassend empfinden würden. »Ach, ich kann das Gespräch mit ihnen ja Montagmorgen visualisieren. Na, jetzt bin ich aber gespannt«, murmelte sie, wobei ihr ein leichtes Grinsen übers Gesicht glitt. Auch heute hatte sie sich wieder freundliche und sympathische Kunden für den Tag gewünscht und vorgestellt. Und nun war sie neugierig, wen sie beliefern durfte.

Im Geschäft angekommen, sah sie vor der Tür ein Päckchen stehen. Eine Papiertüte mit einem kleinen Anhänger daran, auf dem ihr Name stand. *Was für eine nette Geste!*, dachte sie und nahm die Tüte mit in den Laden. Sie konnte ihre Neugier nicht lange zurückhalten und öffnete, am Tresen angekommen, sogleich das Präsent. Es handelte sich um einen kleinen Blumenstrauß und einen Herzanhänger aus Holz – einer aus ihrem eigenen Laden. *Nein, das kann nicht sein!*, dachte sie, während sie die handgeschriebene Karte aus dem beigelegten Umschlag nahm. »Liebe Frau Grieber, da Sie immer so freundlich sind und ein Herz für jeden Kunden haben, möchten wir Ihnen auch ein Herz zu Weihnachten schenken. Wir haben es in unserem Lieblingsladen gekauft. Frohe Weihnachten wünschen Annemarie und Günther Müller.« Tränen der Rührung und der Freude liefen Susann über die Wange. War das nicht eine Bestätigung, dass es wirklich sinnvoll war, trotz all des Stresses, den die Ungewissheit und die Angst vor diesem Virus in vielen Menschen auslösten, jedem mit Liebe und Freundlichkeit zu begegnen und nicht nachtragend zu sein? Entschlossen nahm sie das Telefon zur Hand, wählte die Nummer der Müllers und bedankte sich herzlich.

Anschießend griff sie nach der Liste der Bestellungen, die Malina gestern Abend zusammengestellt hatte. Ihre Freundin hatte ihr nur die Anzahl der Touren genannt, doch nun stutzte Susann und bekam das Lächeln nicht aus ihrem Gesicht. Es war wieder eine Bestellung von Familie Hyedemann dabei. Das war die Familie mit den drei Kindern, von der sie neulich zum Tee eingeladen worden war. Lisa – sie hatte den Namen nicht vergessen – hatte noch ein paar Holzspielzeuge bestellt. Jetzt war erst recht klar, dass es ein schöner Tag werden würde.

Nachdem Susann die Route geplant, alles eingepackt und verstaut hatte, fuhr sie los. Die Hyedemanns hatte sie absichtlich ans Ende der Tour gelegt und für die Kinder jeweils einen kleinen Schokoweihnachtsmann mitgenommen.

Als sie zwei Stunden später auf die Auffahrt des Resthofes fuhr, kamen ihr die drei bereits entgegen. *Ach nein, es sind vier*, stellte Susann überrascht fest. *Mist*, dachte sie im selben Moment, *jetzt habe ich nur drei Weihnachtsmänner dabei!* Sie überlegte, was sie tun konnte. Dann fiel ihr ein, dass sie noch zwei Schokoengel im Kofferraum hatte. Diese waren zwar für die beiden Töchter einer ihrer Freundinnen gedacht, ließen sich aber nachkaufen. Ehe sie sich's versah, standen die beiden Mädchen, Joshua und ein weiterer Junge neben ihrer Fahrertür und beäugten sie neugierig. Sie liebte Kinder und hatte das Thema »eigene Kinder« längst bei Christian ansprechen wollen. Angesichts der stressigen letzten Monate und des Auf und Ab mit dem Laden hatte sie es jedoch immer wieder verdrängt. Aber die Kinder ließen ihr keine Zeit zum Grübeln und klopften grinsend an die Scheibe. Nachdem Susann die Tür vorsichtig geöffnet hatte, wurde sie auch schon von dem fröhlichen Geplapper der Mädchen übermannt.

»Oh, wir sind ja so aufgeregt, was du mitbringst!«, kam es von Jule. »Das dürfen wir bestimmt gar nicht wissen« von Janina.

»Kommt, Mädels!«, hörte Susann den Jungen sagen, den sie noch nicht kannte. Offenbar war er der Älteste der vier Kinder. »Lasst uns rüber in den Wald gehen, wir wollten doch Steine sammeln.« Mit seinen Worten beabsichtigte er, die Mädchen auf sich aufmerksam zu machen. Das gelang ihm allerdings erst nach einer Weile. Jule versuchte noch, einen Blick in den Karton zu erhaschen, den Susann auslud, folgte den anderen dann aber doch in Richtung Wald.

»Joshua, willst du mit?«, rief Janina. Sie winkte mir zu und ergänzte: »Tschau, Susann, bis bald!«

Joshua, der etwas abseits neben einem großen Kastanienbaum stand, machte keinerlei Anstalten mitzugehen, während er Susann beobachtete, sodass die drei allein über die Straße zum Waldrand liefen. Susann sah ihnen hinterher und beschloss, die Schokoengel und die Schokoweihnachtsmänner mit ins Haus zu nehmen und sie Lisa zu geben. Sie konnte sie den Kindern dann später aushändigen.

»Hallo Joshua, willst du denn gar nicht mit in den Wald?«, fragte Susann, während sie an ihm vorbeiging. Er schüttelte nur scheu den Kopf und folgte ihr mit ein paar Metern Abstand. »Magst du deinen Eltern sagen, dass ihre Bestellung da ist?«, bat sie den Jungen, der daraufhin vorsichtig an ihr vorbeiging und im Haus verschwand. Als Susann sich daran erinnerte, dass Joshua nicht sprechen konnte, überlegte sie, ob sie nicht doch klingeln sollte, zögerte aber einen Moment.

Kurz darauf sah sie einen jungen Mann zur offenen Tür kommen. Joshua hatte ihn am Ärmel herbeigezogen. »Hallo«, sagte sie, an den Unbekannten gewandt, und zu dem Jungen: »Danke, Joshua, fürs Holen!«

Der Mann stutzte kurz. »Du bist Susann, oder?« Er wartete ihre Antwort gar nicht erst ab, sondern fuhr fort: »Ich bin John und du bist sicher der Weihnachtsmann, ach nee ...«, er lachte, »die Weihnachtsfrau. Komm doch rein, ich hole meinen Geldbeutel. *Hier scheinen alle völlig unkompliziert zu sein*, dachte Susann und folgte dem Mann ins Haus. »Magst du Apfelkinderpunsch? Wir sitzen gerade in der Küche. Lisa hat mit den Mädels Kekse gebacken, die solltest du probieren.« In der Küche angekommen, bot er Susann mit einer einladenden Handbewegung einen Platz an und verließ den Raum.

»Hallo Susann, schön, dass du da bist«, begrüßte sie Lisa, die am Herd stand und in einem Topf rührte. Mit der freien Hand reichte Lisa ihr einen Keks. »Magst du probieren? Die haben die Kinder gerade kreiert, Vanillekipferl mit Gummibärchen, wie du vielleicht erkennen kannst. Die sind köstlich!«

Susann, die diese lockere und einladende Art von ihren Kunden nicht gewohnt war, griff, ohne zu überlegen, zu und probierte das noch warme Gebäck. »Hm, lecker!«, schwärmte sie. Wie beim letzten Mal war es fast so, als hätte sie keine Chance, die Einladung auszuschlagen. Da sie sich aber weder überrumpelt noch unwohl fühlte, setzte sie sich zu Joshua an den Tisch und stellte fest, dass es der gleiche Platz war wie bei ihrem ersten Besuch.

»John, würdest du Susann und uns einen Apfelpunsch einfüllen?«, bat Lisa ihren Mann, der gerade mit einem Portemonnaie in die Küche zurückgekehrt war und einen Blick auf die Rechnung warf, die Susann ihm reichte.

»Stimmt so«, sagte er, legte den auf den nächsten Zehner aufgerundeten Betrag vor Susann auf den Tisch und wandte sich schließlich an Lisa: »Klar, geht los!« Nachdem er das Portemonnaie beiseitegelegt hatte, hob er den Topf vom Herd, goss den Punsch in vier Tassen und nahm ebenfalls Platz. Wenig später kam Lisa mit einem großen Teller Kekse, stellte ihn ab, setzte sich auf einen der freien Stühle und wünschte guten Appetit.

»Susann«, sagte Joshua und zeigte auf einen Keks mit Schokostreuseln, »den musst du probieren, den hab ich gemacht!«

Susann vernahm einen leisen Aufschrei, dann herrschte auf einmal Totenstille. Als sie aufblickte, bemerkte sie, dass die Gesichter von Lisa und John wie versteinert wirkten. Dann, auf einmal, glitt ein Strahlen über Lisas Miene und sie lachte wie befreit. Susann brauchte ein paar Sekunden, um zu verstehen, was hier gerade geschehen war. Erst als John aufsprang, um den Tisch herum zu Joshua ging und ihn in seine Arme schloss, wurde ihr das Wunder bewusst.

»Oh, Joshua, ich ... ich freue mich ja so!«, stammelte der junge Mann.

Lisa stimmte mit ein: »Süßer, was ist das für eine Freude!« Während sie sprach, kniete sie bereits vor dem Jungen, sodass die drei wie eine verschmolzene Einheit wirkten.

»Das waren die ersten Worte, die der Junge hier gesprochen hat«, erklärte Lisa. Vielsagende, aber eindeutig überglückliche Blicke wechselten zwischen Lisa, John und Joshua hin und her.

Nur tröpfchenweise glaubte Susann zu verstehen, was für ein wunderbares Ereignis sie hier gerade erleben durfte. Joshua strahlte die etwas verdutzt dreinblickende Susann an und hielt ihr den Keks mit den Schokostreuseln hin. Erst nachdem sie davon probiert hatte und der Junge nach einer Weile aufgestanden und nach draußen gegangen war, erfuhr sie von Lisa und John die ganze Geschichte. Joshua war deren Pflegekind, das seine Eltern vor zwei Jahren bei einem Autounfall verloren und seither nicht mehr gesprochen hatte. Sie nannten dieses Schweigen »Mutismus«.

Susann war sichtlich berührt, vor allem weil sie diejenige gewesen war, in deren Gegenwart der Junge sein Schweigen gebrochen – und er auch gerade zu ihr gesprochen hatte.

Was für ein schöner Tag!, dachte sie, während sie nach Hause fuhr. Fast eine Stunde hatte sie bei den Hyedemanns gesessen, sich gut unterhalten und sich wohlgefühlt. Sie war berührt von Johns und Lisas Offenheit und hatte auch von sich erzählt, von ihrem Laden, den Ängsten, die sie während der vergangenen Wochen in sich getragen hatte. Und am Ende sogar von ihrer Visualisierung am Morgen. Für einen Moment hatte sie befürchtet, dass die zwei sie für verrückt halten könnten, aber genau das Gegenteil war der Fall gewesen.

Als sie zu Hause ankam, war Christian bereits da und empfing sie herzlich. Während sie einen Cappuccino tranken und ein Stück Baumkuchen aßen, erzählte Susann von ihren Erlebnissen am Vormittag.

In Liebe loslassen

*L*inea bemerkte, wie viel sie inzwischen über die Bevölkerung auf der Erde gelernt hatte. Es war immer wieder interessant zu erfahren, wie alles Leben miteinander verknüpft und im Zusammenspiel war. Nichts blieb unverändert, alles war mit allem auch auf der Erde verbunden: von den Pflanzen über die Tiere bis hin zu den Steinen – und natürlich den Menschen. Selbst all die Dinge, die für die Leute auf diesem Planeten materiell waren, waren eigentlich nur Energie. Alles war Energie, allerdings in unterschiedlichen Erscheinungsformen. *Sehr spannend*, dachte Linea, als sie wieder mal etwas entdeckte, was ihre Aufmerksamkeit erregte. Diese Personen, die sich Politiker oder Regierungsoberhäupter nannten, hatten Erlasse ins Leben gerufen, damit sich die Menschen vor dem Virus schützten. Dadurch kam es zu ungewohnten Entbehrungen. Die Menschen durften nur noch im kleinen Kreis zusammenkommen, das Arbeiten war an vielen Orten verboten und es gab noch einige andere gravierende Einschränkungen. Spannend für das Mädchen war, dass manche Menschen das alles wohl so annahmen und meinten, dass die Maßnahmen einen Sinn zu haben schienen, andere wiederum hatten Probleme damit. Sie sah Menschen, denen es schwerfiel, allein zu sein. Einige wussten gar nichts mit sich anzufangen, stattdessen beklagten sie sich und schlugen sich den Tag mit Schimpfen und Jammern um die Ohren. Die Redewendung »um die Ohren schlagen« hatte Linea schon ein paarmal gehört und sie musste, als sie gerade daran dachte, wieder schmunzeln. Sie fand es lustig, was für komische Bilder die Menschen manchmal benutzten, um etwas in Worte zu fassen. Überhaupt hatten sie witzige Redewendungen parat. Die Kleine überlegte, warum sie die Zeit nicht nutzten, um das zu tun, wozu sie Lust hatten, und einfach fröhlich waren. Es gab doch so vieles, was man auch allein zu Hause machen konnte. Warum fiel das einigen Menschen so schwer?«

Plötzlich hörte sie eine Stimme, die ihre Gedanken unterbrach. »Weil sie sich einsam fühlen. Eigentlich totaler Quatsch, Kleines, denn niemand ist allein, wir sind doch alle verbunden. Aber dadurch, dass sie das nicht mehr erinnern, fühlen sie sich von allem getrennt, und das ruft in einigen Menschen dieses seltsame Gefühl der Einsamkeit hervor. Einsamkeit ist auch eines der Gefühle, die der Angst zuzuordnen sind. Sie bräuchten sich einfach nur zu erinnern, doch das ist für viele Menschen in diesen Tagen nicht so einfach.«

Linea hatte ihren Großvater nicht kommen hören, aber das überraschte sie inzwischen nicht mehr. Im Gegenteil, sie freute sich, dass er immer da war, um ihr Antworten zu geben, hatte sie doch noch so viele Fragen über diese merkwürdigen Wesen da unten.

»Aber schau her, Bubschen. Manche Menschen sind ganz anders. Die freuen sich über die Veränderungen. Die Frau dort zum Beispiel hat sich neulich noch beschwert, aber nun verspürt sie plötzlich eine viel größere Wertschätzung gegenüber all den tollen Dingen und Umständen in ihrem

Leben. Auf einmal entwickelt sie so viel Dankbarkeit und Demut. Spürt viel intensiver, wie gut es ihr geht. Ihr scheinen die Entbehrungen gutzutun. Sie hat für sich entdeckt, wie wichtig ein Händedruck oder eine Umarmung sein kann. Wie wichtig auch körperliche Nähe ist.« Linea fand es spannend, wie unterschiedlich einige auf ähnliche Situationen reagierten. »Und schau«, fuhr sie fort, »die Jungen dort in der Schule!« Eine kleine Gruppe von Jugendlichen diskutierte gerade, was an den Maßnahmen zur Eindämmung der Pandemie gut war und was nicht. Es war eine hitzige Diskussion und der Blonde hatte eine völlig andere Sicht als die anderen und wurde geradezu gemobbt, wie blöd er doch sei. Einer beschimpfte ihn sogar und sagte: »Du bist einfach zu dumm. Halt doch einfach den Mund!« Dann schubste er ihn gegen einen Zaun. Ein kleiner Dunkelhaariger mit Brille hielt den Großen, der geschubst hatte, zurück und bat ihn, den Blonden aufgrund seiner Meinung nicht auszugrenzen. Das fand Linea ziemlich erwachsen. Die Jugendlichen diskutierten noch eine Weile, aber am Ende akzeptierte jeder die unterschiedlichen Meinungen und sie gingen alle zusammen friedlich zur Sporthalle.

»Da sage noch mal einer, Kinder hätten keine Ahnung«, kommentierte der Großvater das Geschehen.

Linea nickte und hielt kurz inne. »Warum fällt es den Menschen nur so schwer, den jeweils anderen so zu lassen, wie er ist? Warum können die Leute nicht einfach nur sein? Es braucht so wenig, um glücklich zu sein. Und dann kann man doch einfach jedem gönnen, was er hat, wie er ist und wie er denkt. Warum müssen die Menschen sich gegenseitig die Meinung aufdrücken oder erwarten, dass die anderen genauso sind wie sie? Das wäre doch so was von stinklangweilig, oder?« Linea hatte sich derart in das Thema hineingesteigert und dabei so schnell gesprochen, dass sie erst einmal tief Luft holen musste. Das brachte den Alten zum Schmunzeln.

»Die Menschen sind halt, wie sie sind. Das ist das Besondere und auch das Schöne auf der Erde mit ihrer Dualität. Sie dürfen lernen, den anderen so zu lassen, wie er ist. Erst wenn sie das verstanden haben, können sie wie ein freier Vogel glücklich und entspannt durchs Leben gehen. So wie eine Lebensgemeinschaft, beispielsweise ein Ehepaar, auch nur dann gut und glücklich funktioniert, wenn sie einander lassen und akzeptieren, wie sie sind. Wenn jeder in dieser Ehe dem anderen seine Freiheit lassen kann. Falls sie füreinander bestimmt sind, kommt jeder Vogel immer wieder ins Nest zurück und die Wege führen immer wieder zueinander. Ist das nicht so, gehören sie vielleicht auch nicht Seite an Seite.«

»Einfach spannend, diese Erdenwesen!«, kommentierte Linea die Erklärungen ihres Großvaters. »Aber auch irgendwie kompliziert, wie die miteinander umgehen. Dabei könnte es so einfach sein.« Eine Weile schwiegen beide, bis Linea einwarf: »Das mit dem Loslassen und den anderen sein lassen und lieben, wie er oder sie ist, scheint den Seelen, wenn sie im menschlichen Körper sind, nicht leichtzufallen.«

»Aber sie lernen es«, beruhigte der Alte seine Enkelin. »Um dies und vieles mehr zu lernen, sind sie ja auf der Erde. Sie verstehen irgendwann, dass der Lebenspartner ein Lernpartner ist. Lässt man einen Vogel frei, der sich zu Hause wohlfühlt, kommt er immer wieder zurück. Man muss ihn nicht, ebenso wenig wie einen geliebten Menschen, einsperren oder ihn mit irgendwelchen Methoden an sich festbinden. Freiwilligkeit verfügt über eine so große Kraft! Ich wünsche jedem Paar auf Erden, dass es sich mehr liebt, als dass es sich braucht. Dann hat jede Beziehung, egal ob in der Partnerschaft, im Privaten oder im beruflichen Alltag, ob unter Freunden oder Geschäftspartnern, die Chance, mit Glückseligkeit gesegnet zu sein. Sobald die Liebe für den anderen, die echte, bedingungslose Liebe, größer ist als das Gefühl, dass man den anderen braucht, ist alles zusammen so viel einfacher und leichter. Und das lernen die Menschen, vielleicht nicht in einem Leben, aber irgendwann.« Weil der Großvater fand, dass es nun genug Neues für die Kleine zu verarbeiten gab, lenkte er sie ab. »Warst du heute schon bei Susann? Wie geht es ihr?«

Sofort erhellte sich Lineas Gesicht und sie begann zu erzählen, was sie heute bei Susann gesehen und wahrgenommen hatte. Sie beteuerte, wie schön es sei, dass Susann neue und positive Menschen kennengelernt habe. »Vor ein paar Tagen war sie sehr traurig, weil sie und Christian ein Streitgespräch mit ihren Freunden Danny und Julia hatten.« Die zwei vertraten eine völlig andere Sicht bezüglich der derzeitigen Geschehnisse und der Beschlüsse der Politik. Es war zu einer hitzigen Diskussion gekommen, in deren Verlauf Danny und Julia sehr energisch und auch ein wenig laut auf ihrer Sicht beharrt hatten. »Bubschen, die beiden konnten genau das, wovon wir gerade gesprochen haben, eben nicht. Sie waren nicht in der Lage, die Meinung von Susann und Christian stehen zu lassen. Am Ende sind sie wütend nach Hause gefahren.« Susann hatte danach sehr viel geweint. Sie konnte nicht verstehen, warum es zu einem derart heftigen Streit mit ihren alten sehr guten Freunden gekommen war. Die vier hatten schon so viel zusammen durchgemacht, dabei immer Spaß gehabt, waren oft gemeinsam in den Urlaub gefahren und hatten stets ähnliche Meinungen vertreten. Doch im Moment schienen die unterschiedlichen Sichtweisen bezüglich der derzeitigen Situation in der Welt eine so große Kluft zwischen sie zu treiben, dass Susann sich um ihre gute und bisher immer liebevolle Freundschaft sorgte. Sie und Christian hatten Verständnis für die Meinung der beiden gezeigt, und trotzdem war es zu dieser heftigen Auseinandersetzung gekommen. Linea seufzte, nachdem sie dies alles in ihren eigenen Worten erzählt hatte. »Mir scheint«, fuhr sie fort, »als würde diese Freundschaft ein Ende finden. Die beiden Paare sind so unterschiedlich. Und das war wohl in den letzten Monaten nicht das erste Mal. Was denkst du: Wäre es für Susann besser, ihren Freunden zukünftig aus dem Weg zu gehen? Andererseits: Als ich sie heute bei Familie Hyedemann sah, war sie so glücklich, und ich hatte das Gefühl, sie konnte dort einfach sie selbst sein.«

Der Großvater überlegte einen Moment, bevor er antwortete. »Ich kann dir nicht sagen, was richtig ist, Linea. Aber das Richtige wird sich zeigen. Susann und Christian können nicht mehr tun, als die Meinung der anderen, so wie sie es getan haben, stehen zu lassen und ihre Freunde zu bitten, auch ihre Sichtweise zu akzeptieren und stehen zu lassen. Den Freunden steht frei, für sich zu entscheiden, ob sie das tun wollen oder nicht. In solchen Momenten zeigt sich, ob eine Freundschaft dem weiteren Lebensweg dienlich ist oder nicht. Wenn sie es ist, dann übersteht die Freundschaft diese Krise. Wenn nicht, dann werden sich die Wege trennen. Ich wünsche den vieren, dass, wenn Letzteres der Fall sein sollte, sie einander liebevoll getrennte Wege gehen lassen. Das Schöne ist: Wenn man Altes – ob Freundschaften, Dinge oder Situationen – loslässt, dann entsteht Raum für Neues. In diesem Fall vielleicht Raum für neue Freundschaften, die für Susann und Christian wertvoll, hilfreich und erfüllend sein können. Wichtig ist nur: Wenn wir Altes loslassen, dann in Liebe. Wir können dankbar sein für die Zeit, die wir zusammen hatten, und dürfen uns in Frieden und Liebe verabschieden.«

Darüber musste das Mädchen nachdenken. Auf jeden Fall wünschte sie sich, dass das Beste und Richtige für Susann und Christian geschehen würde. Aber irgendwie war sie sich auch sicher, dass es so kommen würde.

»Was möchtest du tun, um ihr zu helfen?«, fragte der Großvater nach einer längeren Zeit des Schweigens.

»Ich würde sie gerne trösten und ihr sagen, dass alles gut ist und wird. Dass sie alles richtig gemacht hat«, antwortete Linea mit feuchten Augen.

Der Großvater sah sie liebevoll an. »Dann lass es uns tun. Lass uns zu ihr gehen und sie trösten, und du kannst ihr all das sagen.« Während er die Worte aussprach, nahm er seine Enkelin an seine Seite und schwebte mit ihr zur Erde hinab.

Geht es uns zu gut?

»Das klingt nach einer wirklich sympathischen Familie«, sagte Christian, der Susanns Erzählung lauschte. Er stand auf, legte ein paar Holzscheite in den Ofen und zündete sie an. »Was meinst du, machen wir später noch Musik?«

»Oh, ja, das ist eine gute Idee!« Susann nickte.

Während sie ein weiteres Stück Baumkuchen genossen und das Feuer im Ofen allmählich für eine wohlige Wärme sorgte, berichtete Christian von seinem Vormittag. Er hatte für eine ältere Dame einen exklusiven Tisch geschreinert und diesen ausgeliefert. Vor Ort hatte er auf Wunsch der Frau noch einen Einbauschrank montiert. Währenddessen hatte sie ihm von sich und ihrem Leben erzählt. Grundsätzlich zog es Christian vor, seine Arbeit in Ruhe und Stille auszuüben, aber heute hatte es ihn berührt, ihr zuzuhören. Es hatte ihn demütig gemacht zu erfahren, was der Frau in ihrem Leben widerfahren war. »Da erscheinen einem die Sorgen vieler Menschen derzeit schon ein wenig lächerlich, es ist Gejammere auf sehr hohem Niveau«, sagte er. »Unsere Generation ist verwöhnt, vielleicht fällt es uns deshalb nicht so leicht in diesen Tagen. Aber wenn wir mal ehrlich sind, dann geht es uns doch allen supergut, oder?« Auf Susanns wiederholtes Nicken hin ergänzte er: »Wir sind gesund, haben jeden Tag zu essen und ein festes Dach über dem Kopf – wir beide sogar zwei.« Christian lächelte. Nach einer Weile ergriff er Susanns Hand und ergänzte mit leiser Stimme: »Und wir haben uns. Sind wir nicht reich?« Er drückte ihr einen liebevollen, zärtlichen Kuss auf.

»Ja, das sind wir«, pflichtete Susann ihm mit einem strahlenden Lächeln bei. »Bitte lass uns das Beste aus der Situation machen. Und dann gehen wir gestärkt aus dieser Krise heraus, auch wenn das noch eine Weile dauern mag.« Als sie diese Worte sagte, fiel ihr plötzlich etwas ein. Sie stand auf, ging ins Nebenzimmer und kam kurz darauf mit einem hübsch verpackten Geschenk zurück. Dieses überreichte sie Christian mit den Worten: »Ich habe da noch etwas für dich, mein Schatz. Ich hoffe, es gefällt dir.« Sie sah ihren Freund erwartungsvoll an.

Als Christian das Geschenk öffnete und die Holzfigur eines Pärchens herausnahm, glitt ein Strahlen über sein Gesicht. »Sie ist wunderschön«, sagte er. »Das sind du und ich. Danke!«, flüsterte er und gab Susann einen liebevollen Kuss.

Susann lehnte sich an ihn und die beiden genossen den innigen Moment. »Weißt du, Schatz«, sinnierte sie wenig später und ihr wurden die Augen feucht, »ich bin traurig, dass sich Danny und Julia nicht mehr gemeldet haben. Es tut mir immer noch im Herzen weh.« Ihr Blick glitt über den Tisch hinweg zum Sideboard gegenüber. Dort hatte sie ein weiteres Foto von sich und ihrer Schwester stehen. »Als die beiden neulich so wutentbrannt gegangen waren und ich weinend in der Küche saß, hatte ich auf einmal das Gefühl, meine Schwester wäre plötzlich neben mir und würde mich umschlingen und tröstende Worte zu mir sprechen. Das klingt vielleicht komisch, aber mir wurde auf einmal ganz warm ums Herz und ich wusste, dass alles gut wird und dass sich das mit Danny und Julia wieder einrenkt. Aber nun bin ich mir gerade nicht mehr so sicher. Verstehst du, was ich meine? Oder denkst du, ich bilde mir das alles nur ein?« Sie drehte den Kopf zur Seite und sah ihrem Freund fragend ins Gesicht.

»Nein«, antwortete Christian, »ich halte dich nicht für verrückt. Ihr – du und deine Schwester – wart so verbunden, warum sollte es nicht auch heute noch so sein? Ich glaube auch, dass alles gut wird.« Nach ein paar Sekunden fügte er hinzu: »Egal, wie es wird.« Dann drückte er Susann fest an sich und gab ihr einen Kuss. »Und mit Julia und Danny, das wird auch.« Dann saßen die zwei aneinandergekuschelt da jeder hing seinen Gedanken nach.

Nach einer Weile griff Christian die Geschichte mit Joshua auf. Sie hatte ihn wohl doch mehr berührt, als er während Susanns Erzählung angenommen hatte. »Ich muss immer wieder an den kleinen Jungen denken und dass er ausgerechnet in deiner Gegenwart sein erstes Wort in der Familie gesprochen hat. Und dann noch zu dir. Wie eindrucksvoll! Es wundert mich allerdings nicht, dass gerade du eine solche Verbindung zu dem Jungen aufbauen konntest. Du hast immer so eine liebevolle Art, mit Kindern umzugehen. Das ist mir neulich auch schon bei den beiden Mädels deiner Freundin aufgefallen. Die hingen ja regelrecht an deinem Rockzipfel.« Bei der Erinnerung musste er lachen und Susann stimmte gleichwohl mit ein. Vor allem belustigte sie das Wort »Rockzipfel«, denn die Kleinen hatten an diesem Tag so sehr an Susanns Rock herumgezupft, dass er am Ende total verdreht gewesen war. Als sie sich verabschiedeten, war ihnen aufgefallen, dass der Reißverschluss, der eigentlich nach vorn gehörte, auf einmal hinten war. Sie hatten schließlich sehr darüber gelacht.

Susann hatte Christians Worten andächtig gelauscht und überlegte nicht lange, ob es der richtige Zeitpunkt war, sondern fragte freiheraus: »Wann wollen wir eigentlich Kinder haben?« Erwartungsvoll sah sie ihn an.

Christian, etwas überrascht angesichts dieser direkten Frage, schluckte zunächst, ein Leuchten in seinen Augen konnte und wollte er dann aber auch nicht verhindern. »Wie wär's mit jetzt?«, erwiderte er schelmisch und grinste über beide Wangen. Daraufhin sprach keiner von beiden mehr ein Wort, nur ihre Gesichter sprachen Bände.

Lernen mal ganz anders

*L*inea war schon seit längerem sehr nachdenklich. Das war auch ihrem Großvater nicht verborgen geblieben und er ließ sie einfach ihren Gedanken nachhängen, wusste er doch: Wenn er gebraucht wurde, dann würde sie auf ihn zukommen. Und so war es auch. »Opi, ich habe da seit einiger Zeit eine Frage auf dem Herzen. Ich weiß nicht, warum sie mir immer wieder in den Sinn kommt und mir so wichtig erscheint. Vielleicht hängt das mit meiner Zeit auf der Erde zusammen, keine Ahnung.«

»Na, was brennt dir auf der Seele, Kleines?«, fragte er liebevoll, obwohl er längst wusste, um welche Frage es sich handelte. Hier oben spürten sie ja immer schon alles jetzt und gleich. Trotzdem wartete er, bis seine Enkelin so weit war.

»Dieses Jahr waren die Schulkinder in Europa längere Zeit zu Hause, hatten Homeschooling, dann waren sie eine Zeit lang unter etwas eigenartigen Bedingungen noch einmal für eine Weile in der Schule und danach wieder zu Hause. Ich habe das beobachtet und es war immer so ein komisches Gefühl, das ich nicht richtig deuten kann. Viele Kinder scheinen, so meinen es zumindest einige Erwachsene, zu rebellieren. Ihnen fällt es schwer, in diesem System zu lernen, was wiederum bei den Erwachsenen auf Unverständnis stößt. Ich finde dieses Lernsystem, das die Menschen sich ausgedacht haben und seit Jahrzehnten oder noch länger praktizieren, irgendwie seltsam. Vielleicht kannst du mir dazu etwas erzählen. Allein dieser schreckliche Rotstift. Rot ist doch eine Signalfarbe! Warum nutzt man die, um auf Fehler aufmerksam zu machen? Warum schreibt man nicht unter ein Diktat, wie viele Wörter richtig geschrieben wurden, anstatt die fehlerhaften zu markieren? Also, mich motiviert es mehr, wenn mir jemand sagt, was ich alles gut und richtig gemacht habe. Dann strebe ich danach, noch mehr so gut wie möglich zu machen. Geht es den Kindern von heute vielleicht auch so? Oder warum entsteht da so oft Stress? Gerade beim Homeschooling scheinen die Eltern mächtig überfordert zu sein.«

Der Großvater konnte nicht umhin zu schmunzeln. »Wow, wieder so viele Fragen auf einmal! Aber so konstruktive und gute Fragen, mein Schatz. Klasse!« *Wo fange ich an, was soll ich sagen?*, überlegte er, bevor er weitersprach. »Also«, begann er, »mag sein, dass das früher einmal genau richtig und die beste Methode war. Aber ich gebe dir recht: Mich würde es heute – und da bin ich wohl nicht allein – auch mehr motivieren, mich zu verbessern, wenn man mir sagt, was ich alles gut und richtig mache. Und ich denke, es geht tatsächlich vielen Menschen und nicht nur den Kindern so, dass sie es als einschüchternd empfinden, wenn man sie auf ihre Fehler hinweist. Ich habe das Gefühl, diesbezüglich aber schon einen Umbruch zu beobachten – ein Umdenken in den Köpfen der Menschen. Sie nehmen allmählich die Veränderungen an, die damit einhergehen, dass nicht mehr alles auf Papier dokumentiert werden muss, schließlich gibt es Computer. Ebenso scheint bei den jungen Leuten das Onlinelernen, genauso wie bei den Erwachsenen die Videokonferenzen, die langen Fahrten zu Meetings zu ersetzen und sich mehr und mehr durchzusetzen. Dank des technischen Fortschritts gibt es so viele Möglichkeiten, das Leben anders zu gestalten. Und so, denke ich, kann es auch sein, dass es womöglich Zeit ist, das Schulsystem zu reformieren, zu modernisieren und es den Veränderungen auf der Erde anzupassen. Die Menschen dürfen vielleicht auch lernen, dass Fehler etwas Gutes sind. Sie bieten ihnen Lernerfahrung. Fehler zu machen, zu stolpern und hinzufallen ist nichts Schlimmes, im Gegenteil. Dadurch, dass er immer wieder aufsteht, lernt der Mensch am meisten.«

Linea nickte eifrig. »Genau, Bubschen! Überleg doch mal, was passiert, wenn Kleinkinder das Laufen erlernen. In dem Alter sagt man ihnen ja wohl kaum, wie oft sie schon hingefallen sind. Nein, sie werden von ihren Eltern motiviert, wieder und immer wieder den Versuch zu starten aufzustehen. Und schau mal, wie viele kleine Erdenbürger am Ende laufen gelernt haben. Und wie viele nicht.«

»Das hast du sehr gut beobachtet, Süße.« Damit hätten wir einiges an Potenzial für die Entwicklung der Menschheit. Aber es gibt ja inzwischen auch schon viele Coaches und Motivatoren, die den Menschen eine andere Sichtweise aufzeigen und sie diese lehren. Da wird sich vieles ändern, da bin ich mir sicher. Dann strahlen auch wieder mehr Kinder. Womöglich wird es sogar neue Schulfächer geben. Denn heute lernen die Kinder, *wie* etwas ist. Sie lernen Fakten. Vielleicht wäre es besser, sie zu lehren, wie sie selbst zu einer Meinung gelangen und ihre eigene Sicht auf die Dinge ausbilden können. Dass es gut wäre, Erklärungen nicht einfach zu glauben, sondern sie zu hinterfragen.« Der Großvater hielt kurz inne, dann fragte er: »Was würdest du von folgenden Fächern oder Themen halten? Wie löse ich friedlich einen Konflikt mit einem Freund, einer Freundin? Wie lerne ich mit Leichtigkeit? Ich lerne das, was mir am meisten liegt, intensiver als das, was mir persönlich nicht so liegt. Wenn Schüler in der Schule lernen, ihre eigenen Stärken zu entdecken und auszubauen, dann wäre das doch ein guter Ansatz. Wie denkst du darüber, Linea?« Mit diesen Worten legte der Alte den Grundstein für eine Fülle an Ideen und Überlegungen.

So saßen sie noch lange zusammen und tauschten sich darüber aus. Das machte Linea Spaß und sie entwickelte innovative Ideen, von denen ihr Großvater äußerst begeistert war. Ja, er war stolz auf seine Enkelin. Sie würde einen exzellenten Abschluss im Himmelsklassen-Abitur machen, da war er sich sicher, und er freute sich schon auf diesen besonderen Tag, der gar nicht mehr so weit in der Zukunft lag.

Besuch bei Oma Linda

$\mathcal{S}$päter am Nachmittag, während sie gemütlich auf dem Sofa saßen, fragte Christian: »Wollen wir jetzt noch ein wenig singen und musizieren? Wir hatten in den letzten Wochen kaum Zeit dazu. Hast du Lust?« Er brauchte die Antwort nicht abzuwarten, denn Susann lächelte zustimmend.

Die beiden standen auf und gingen nach nebenan in Susanns kleines Musikzimmer, um ihren Plan in die Tat umzusetzen. Nachdem sie länger als eine Stunde nicht nur Weihnachtslieder gesungen hatten, von Susann auf dem Keyboard begleitet, kam ihnen der Gedanke, Oma Linda einen Besuch abzustatten. Susanns Großmutter war einundachtzig Jahre alt und lebte noch völlig selbstständig ganz in der Nähe. Susann besuchte sie mindestens einmal in der Woche und hatte eine sehr enge und herzliche Verbindung zu ihr. Obwohl alle gerade den älteren Menschen nahelegten, Abstand zu halten und möglichst keinen Kontakt zu anderen Personen zu haben, wollte Oma Linda nichts davon wissen. Allerdings setzte sie, wenn sie unterwegs war, überall dort, wo es vorgeschrieben war, eine Maske auf, weil sie den anderen respektvoll begegnen wollte. Ihr Motto lautete: »Sollte ich mich irren, möchte ich niemandem geschadet haben.« Sie glaubte nicht an den Schutz, den das Tragen von Masken versprach, und sagte daher oft keck: »Wenn ich sterben soll, dann will ich auch sterben.« Auf keinen Fall ließ sie sich verbieten, ihre Liebsten zu sehen. Somit bekam sie immer mal wieder Besuch von Freundinnen und hielt einfach Abstand.

Susann liebte ihre Großmutter. Sie war ihr stets eine gute Motivatorin, eine Trösterin und auch eine gute Ratgeberin, wenn sie mal nicht wusste, was sie tun oder wie sie sich in gewissen Situationen entscheiden sollte. Oma Linda war lebensfroh und steckte damit alle anderen in ihrer Umgebung an. Egal, wie Susann gelaunt war, wenn sie zu ihrer Großmutter ging, war sie spätestens in dem Moment, in dem sie sich nach dem Besuch verabschiedete, wieder gut drauf.

Auch heute war Oma Linda in guter Stimmung. Als Susann und Christian eintrafen, wurden sie herzlich von ihr begrüßt. Sie hatte sich einen kleinen Weihnachtsbaum gekauft und ihn bereits geschmückt. Es war sehr gemütlich und die beiden fühlten sich bei ihr wie immer wohl. Oma Linda berichtete kurz von dem Besuch ihrer Freundin, die vor einer halben Stunde wieder gegangen war, und bat Susann, ihr bei einer Tasse Tee alles zu erzählen, was sie seit ihrem letzten Besuch erlebt hatte. Während Susann den mitgebrachten Rest ihres Baumkuchens herausholte und ihn auf drei Teller verteilte, bereitete Oma Linda den Tee zu.

Wenig später begann Susann, von ihrem derzeitigen Alltag im Laden zu erzählen. Sie berichtete auch von ihren Kundenbesuchen, insbesondere von den Hyedemanns und dem Erlebnis mit dem kleinen Joshua.

»Was für eine schöne Geschichte!«, sagte ihre Großmutter sichtlich gerührt. »Dass er gerade zu dir seine ersten Worte in seiner neuen Familie gesprochen hat, ist sicher kein Zufall. Na ja, Zufälle gibt es eh nicht. Aber wie schön, dass du diesen Knotenlöser erleben durftest. Das ist sicher ein tiefes Trauma, das der Junge da erlebt hat, so etwas kann einem im wahrsten Sinne des Wortes schon mal – auch über einen längeren Zeitraum – die Sprache verschlagen. Wie rührend und schön, dass er nun wieder spricht. Was für ein Segen!«

Dann fragte die alte Dame Christian, wie es bei ihm zurzeit bei der Arbeit aussähe, und ließ ihn die neuesten Geschichten berichten. So saßen sie lange beieinander und plauderten, bis irgendwann das Thema »Danny und Julia« auf den Tisch kam. Oma Linda kannte die beiden seit Jahren und mochte sie sehr. Was sie hörte, konnte sie zunächst nicht glauben, doch dann meinte sie verständnisvoll: »Vielleicht sind sie gerade zu gestresst. Ist ja auch gar nicht so einfach, sich von den aktuellen Geschehnissen und den Nachrichten nicht negativ beeinflussen zu lassen. Ich hoffe, die beiden finden ihren Weg. Und seid gewiss: Das wird eure Freundschaft schon aushalten.« Als sie sah, dass ihrer Enkelin die Augen feucht geworden waren, legte sie ihr liebevoll eine Hand auf die Schulter.

»Es stimmt mich halt sehr traurig«, sagte Susann. »So einen heftigen Streit hatten wir noch nie. Und das nur wegen dieser blöden Pandemie.« Dann liefen ihr die ersten Tränen über die Wangen. Während Christian ihr ein Taschentuch reichte, fuhr Susann in leisem, fast flüsterndem Ton fort. »Omili, halte mich nicht für verrückt, aber ich hatte danach so ein komisches Gefühl. Ich habe es Christian schon erzählt.« Sie suchte kurz den Augenkontakt zu ihrem Freund, wandte sich dann aber gleich wieder an ihre Großmutter. Diese sah sie mitfühlend und mit einem liebevollen Blick an, ohne die Hand von ihrer Schulter zu nehmen. »Ich habe anschließend – also nach dem Streit – sehr geweint und hatte auf einmal das Gefühl, als wäre Linea bei mir. Als hätte sie mich in den

Arm genommen und mich getröstet. Schon bald ging es mir besser und ich war zuversichtlich, dass alles wieder in Ordnung kommt. Werde ich jetzt verrückt?« Hilfesuchend suchte sie den Blick ihrer Oma.

Diese nahm sie in den Arm, drückte sie und sagte mit fester Stimme: »Nein, verrückt wirst du nicht. Vielleicht war deine Schwester wirklich da. Du weißt doch, dass die alten Seelen immer an unserer Seite sind. Ich habe auch manchmal das Gefühl, dass dein Großvater bei mir ist. Gerade in Momenten, in denen es mir nicht so gut geht. Dies ist ein schönes Gefühl und es tut jedes Mal sehr gut.«

Die Worte beruhigten Susann. Sie wischte die Tränen fort und nahm ihren Tee in die Hand. »Danke, Omili. Schön, dass ich dich habe und dass ich dir alles erzählen kann. Alle anderen würden behaupten, ich spinne.« Ein leises Lächeln schlich sich auf ihr Gesicht.

Schließlich wechselten sie das Thema und verbrachten noch eine schöne Zeit zusammen.

Als sie und Christian später auf dem Heimweg waren, sinnierte Susann: »Es tut immer wieder gut, bei ihr zu sein. Sie hat ein so sonniges Gemüt und es ist schön, dass es sie gibt.«

Christian konnte nur zustimmen, weil auch er die alte Dame ins Herz geschlossen hatte. »Und was machen wir beide gleich noch?«, fragte er und schenkte Susann einen liebevollen Blick.

Der Körper

*L*inea lag auf einer mit bunten Blumen übersäten Wiese, hatte die Beine übereinandergeschlagen und blickte nachdenklich in den Himmel. »Bubschen, was darf ich heute lernen?«

Ihr Großvater, der neben ihr im Gras lag, wandte den Kopf zu seiner Enkelin. »Hm, ich weiß noch nicht. Gibt es ein Thema, über das du etwas erfahren möchtest, oder wollen wir nach dem Himmelslehrplan weitermachen?« Da er seine Enkelin kannte und wusste, dass sie immer eine Menge Fragen im Kopf hatte, war ihm die Antwort bereits klar und er grinste auffordernd.

Linea grinste zurück und plapperte, wie erwartet, gleich los: »Ich würde gerne etwas über diesen Körper lernen, in dem die Seelen während ihres Aufenthalts auf der Erde wohnen.«

»Wow, das ist ein großes Thema, aber sehr interessant!« Der Großvater überlegte, wo er anfangen sollte.

Während er nachdachte, sprach Linea fröhlich weiter: »Ich habe ja schon festgestellt, dass manche Menschen glauben, sie selbst wären der Körper, also sie *sind* der Körper. Aber einer der Engel hat mir erklärt, dass sie erst in dem Moment, in dem sie zu Bewusstsein erwachen, registrieren, dass sie als Seele auf der Erde nur einen Körper und einen

Verstand *haben*, es aber nicht sind. Dass sie damit nur Erfahrungen sammeln, sie darin sozusagen wohnen. Dass sie also über einen Erfahrungsapparat verfügen, durch den sie – zusammen mit der Polarität – herausfinden, was wirklich ist.«

»Genau«, der Großvater nickte, »es ist für sie eine Art Arbeitskleidung, in der sie sich entwickeln und erfahren dürfen. Sie bekommen diesen Körper, wenn sie auf der Erde geboren werden, und wenn sie sie wieder verlassen, dann legen sie ihn wieder ab. Der Mensch nennt diesen Vorgang »sterben«. Nicht sie sterben, sondern ihr Arbeitsanzug. Allerdings glaubt der Großteil der Menschen immer noch, dass sie selbst sterben. Dieser Körper – dieser Arbeitsanzug – ist ein Wunderwerk, ein wirklich geniales Teil und dabei so vollkommen! Er dient auch als Sprachrohr für die Seele. Denn wenn der Mensch von seinem geplanten Seelenweg abweicht, dann funktioniert der Körper wie ein Navigationsgerät und hilft ihm, immer wieder auf den rechten Weg zu kommen.«

Linea drehte sich auf die Seite, stützte ihre Ellenbogen am Boden auf und legte ihren Kopf in den Handflächen ab. Neugierig sah sie ihren Großvater an. »Weiter, Bubschen! Und wie funktioniert das?« Linea konnte ihre Ungeduld kaum verbergen.

Der Großvater schmunzelte amüsiert: »Dieses geniale Netzwerk aus Zellen, Knochen, Blutbahnen, Organen und vielem mehr arbeitet rund um die Uhr Hand in Hand. Hat das eine Teilchen mal eine schwache Zeit, kommt ein anderes und hilft ihm. Alle Bestandteile spielen wie eine Symphonie in harmonischem Einklang zusammen. So wie die Melodie des Lebens immer wie ein Orchester zusammenspielt. Jedes Instrument hat seinen zugeteilten Einsatzort und seine feste Stimme. Alles in schönster Harmonie.«

Während der letzten Worte fing das Mädchen an, ein Lied zu singen, und der Alte stimmte mit ein. Es war die Melodie, die Linea am Vortag bei Susann gehört hatte. Ein Liebeslied für die Musik:

Morgens schon beim Aufstehn,
ein Ohrwurm schon im Kopf.
Summend vor dem Spiegel, mach ich mir 'nen Zopf.
Meine gute Laune steigt und steigt mir ins Gesicht.
Du machst das Leben so leicht,
keine Last fällt ins Gewicht ...[5]

Die beiden sangen im Duett und grinsten. Nach einem kurzen Moment der Stille meinte Linea: »Es ist so schön, wenn alles gut miteinander klingt.« Ihr Gesichtsausdruck war schwärmerisch. »Manchmal höre ich aber die Menschen über ihren Körper klagen und fluchen. Warum tun sie das, Opi, wenn er doch so genial ist?«

Nun wurde auch der Großvater wieder ernst und fuhr fort: »Wie gesagt, der Körper ist wie ein Navigationsgerät – wir haben schon einmal darüber gesprochen. Und wenn der Mensch von seinem einst selbst geplanten, wunderbaren Weg der Erfahrungen abkommt, dann gibt dieses Navigationsgerät zaghafte Klopfzeichen. Anfangs zum Beispiel in Form einer kleinen Eingebung oder mit einem Impuls. Du erinnerst dich? Manchmal, wenn die Leute zu beschäftigt sind oder aus anderen Gründen nicht reagieren, klopft es etwas lauter, damit sie auf den Weg zurückfinden. Der Körper gibt dann Hinweise oder Mitteilungen. Das kann schon mal

---

5) Zu finden bei YouTube: »Deine Mutmacherin Musik deine Liebe«

über eine andere Person, einen Liedtext oder über das Fernsehen geschehen. Das Universum, wie manche Menschen es bezeichnen, ist da immer ganz kreativ und geduldig. Wenn der Mensch es dann immer noch nicht wahrnimmt oder er nicht reagieren möchte – du weißt ja, sein freier Wille steht über allem –, dann werden die Klopfzeichen noch etwas stärker. Das kann ein Symptom, ein Schmerz oder auch ein Unfall sein. Aber nie aus Boshaftigkeit, sondern um dem Menschen zu helfen, in die Spur zu kommen.« Der Alte ließ das Gesagte einen Moment sacken und wartete ab, bis er spürte, dass Linea sich erinnerte und aufnahmebereit für weitere Informationen war. »Leider wollen die Menschen es nicht immer als guten Wink erkennen, und dann fluchen sie schon mal, weil das Geschehene gerade nicht in ihrem Tages- oder Wochenplan passt. Weil sie glauben, keine Zeit zu haben, um sich darum zu kümmern. Dann gehen sie zu einem Arzt und lassen das Symptom, zum Beispiel den Schmerz, mit einer Spritze zum Verstummen bringen. In dem Moment ist der Körper, der auch ein Bewusstsein hat und der ein gutes Navigationssystem sein möchte, gezwungen, das Klopfzeichen zu wiederholen oder es gar zu verstärken.«

»Aber wie erkennt denn der Mensch, was dieses Zeichen bedeutet? Ich höre sie so oft sagen, ihr Körper sei krank. Was ist krank, Bubschen?«, wollte die Kleine wissen.

»Krank – das ist auch so eine Einbildung, die der Mensch über den Verstand erhalten hat. Ein Wort, das negativ behaftet ist und deshalb negative Gefühle in ihm auslöst. Dabei ist es doch etwas Gutes.«

Interessiert fragte Linea weiter: »Gibt es da eine Bedienungsanleitung wie bei einem Auto? Wenn dort die Tankanzeige blinkt – was ja auch eine Art Symptom ist –, dann ist das Auto doch nicht krank. Im Gegenteil, es ist gut und gesund. Denn man kann einfach tanken, muss die Anzeige nicht ausschalten und schwups, ist die von allein wieder aus – auch ohne Spritze.« Als das Mädchen seinen Großvater mit großen Augen ansah, mussten sie beide lachen.

»Du bist ein helles Köpfchen, meine Kleine. Und nun stell dir mal vor, was passieren würde, wenn sie einfach die Anzeige ausschalten.«

Wie aus der Pistole geschossen sagte Linea: »Na, das Auto würde irgendwann liegen bleiben und keinen Mucks mehr von sich geben.«

»Ganz genau! Und so ist es auch mit dem Körper des Menschen. Du hattest ja nach einer Bedienungsanleitung gefragt. Ja, die gibt es, aber viele Menschen haben sie vergessen. Oft ist es nur eine Kleinigkeit am Anfang, auf die der Körper die Menschenseele hinweisen möchte. Vielleicht ein wichtiges Gespräch, das nicht geführt wurde, eine Veränderung im Denken oder Handeln, die nicht umgesetzt wird, oder dass etwas losgelassen werden sollte. Und sobald dies erledigt ist, ist das Symptom, das ja nur eine Botschaft ist, auch schon wieder verschwunden.«

»Erzählst du mir mehr über die Botschaften des Körpers?«, fragte Linea, deren Wissbegier mal wieder keine Grenzen kannte.

»Klar, denn alles, was dem Menschen widerfährt oder was er im Körper fühlt und erlebt, ist so eine Botschaft, die ihm auf seinem Weg behilflich ist. Aber lass uns erst einmal eine kleine Pause einlegen, Liebes, und die Blumen und die kleinen Tiere hier auf der Wiese genießen. Später berichte ich dir mehr über diese Botschaften des Körpers.«

Die beiden standen auf, und während Linea vergnügt über die Wiese hüpfte und Schmetterlinge beobachtete, betrachtete der Großvater die Vielfalt der Blumen, die die Wiese zum Leuchten brachten.

Nach einer Weile legten sie sich wieder ins Grün und fuhren mit der Unterrichtsstunde fort. »So, du möchtest also noch mehr über die Botschaften erfahren?«, fragte der Alte seine Schülerin und kannte die Antwort natürlich längst. Linea liebte es zu lernen. Niemand musste sie zwingen, in den Unterricht zu kommen, denn hier herrschte ein anderes Lernsystem als auf der Erde. Sie lernte das, was sie wissen wollte, was für sie ganz persönlich wichtig war, und ihr Großvater musste sie eher dazu nötigen, eine Pause zu machen. Trotzdem wartete er auf ihr zustimmendes Nicken, bevor er fortfuhr. »Die Botschaft setzt sich meist aus drei wichtigen Teilen zusammen. Als Erstes, wo sie zu vernehmen war, also welches Organ zum Beispiel betroffen war. Als Nächstes, ob es in der linken oder der rechten Körperhälfte zu fühlen war, und zuletzt, zu welchem Zeitpunkt es geschah. Oft passiert es in Zusammenhang mit einem bestimmten Ereignis oder ist damit verbunden.«

»Warum ist es so wichtig, zwischen der linken und der rechten Hälfte zu unterscheiden?«, fragte Linea dazwischen.

»Das ist eine ausgezeichnete Frage. Der Körper hat eine weibliche Seite, die linke, und die rechte stellt die männliche Seite dar. Das hat übrigens nichts mit dem Geschlecht der Person zu tun – das nur nebenbei. Rechts steht für das Außen sowie für die Weisheit und den Willen. Dabei handelt es sich um den eher rationalen Teil. Man kennt es auch als ›Yang‹ und es hat mit Aktivität zu tun. Im Gegensatz dazu ist die linke Hälfte ein Symbol für das Innen, die Liebe und das Gefühl.

Du kennst es vielleicht als ›Yin‹. Links steht für das Weibliche, die Vorstellungskraft und einiges mehr. Aber für den Anfang reicht es als Übersicht. Wichtig ist immer der Ausgleich zwischen beiden Hälften, keine ist besser oder schlechter als die andere. Die harmonische Symphonie erklingt, wenn beide Seiten im Gleichgewicht stehen. Das ist nicht nur für den Körper gültig, aber das würde unseren Unterrichtsrahmen sprengen. Übrigens wird die linke Seite von der rechten Gehirnhälfte versorgt und angeregt. Und die männliche von der linken. Du siehst bereits jetzt: Der Körper ist ein spannendes Phänomen, aber es wird noch viel besser.«

»Oh ja, Opi, ich möchte alles wissen. Weiter bitte, weiter!«, forderte das Mädchen lachend.

»Gerne«, sagte der Großvater freudig. »Aber heute nehmen wir nicht jedes einzelne Organ durch. Dazu erfährst du einiges in einer separaten Stunde bei den Engeln. Denn jedes Organ gibt dem Menschen wertvolle Hinweise, um die Botschaft zu vervollständigen. Interessant dabei ist auch die Sprache. Das haben viele leider inzwischen verlernt. Die Menschen reden oft umgangssprachlich und tragen damit dazu bei, dass jeder die Botschaften versteht, egal ob er andere weniger oder mehr gebildet ist. Du hast bestimmt schon Sätze gehört wie: ›Ich habe die Nase voll.‹ Wenn also die Nase schnupft, könntest du dich fragen, wovon du die Nase voll hast.« Nach einer kleinen Weile ergänzte der Alte: »Oder diese Kopfschmerzen zum Beispiel. Manchmal sagen die Menschen doch, dass sie sich den Kopf zerbrechen. Wie du siehst, haben sie sich ihre Sprache gut eingerichtet, um alles leicht zu erkennen.« Er blickte zu Linea, sah ihr liebevoll in die Augen und fügte hinzu: »Ich wünschte, mehr Menschen würden früher erkennen, wie wertvoll und aussagekräftig ihre Sprache ist. Nehmen wir als Beispiel das Wort ›Sorgen‹. Sie wissen ganz genau, dass es in Wirklichkeit gar keine Sorgen gibt. Sie sagen es sogar immer wieder: »Ich mache mir Sorgen.« Ja, genau, sie sprechen es aus, dass sie sich die Sorgen nur *machen*, dass diese gar nicht existieren. Nur durch ihre Gedanken die mögliche Zukunft betreffend nehmen die Sorgen im Leben der Menschen Raum ein.«

»Ja, genau, Bubschen«, warf Linea ein. »Darüber hast du schon mal gesprochen, als es um den Verstand ging. Diesen Verstand, mit dem die Menschen immer kontrollieren wollen und mit dem sie sich somit Sorgen über diese Zukunft machen. Ich erinnere mich … Zukunft … dieser Teil dieser Zeitlinie …«

Linea war sichtlich fasziniert und hätte wahrscheinlich noch länger all das Gelernte wiederholt, wenn der Alte sie nicht sachte unterbrochen hätte. »Du bist fabelhaft!«, sagte er. »Da hast du wieder super aufgepasst und es dir gut gemerkt. Ich bin stolz auf dich, Kleines. Ach ich könnte dir noch stundenlang über die menschliche Sprache und ihre Bedeutungen erzählen. Wie du siehst und um auf deine Frage von vorhin zurückzukommen: Die Menschen haben eine Bedienungsanleitung für ihren Körper. Eine davon ist ihre Sprache.«

»Einerseits lustig«, fand Linea, »andererseits traurig, dass so viele trotzdem so lange untätig bleiben, bis sie Schmerzen oder andere Beschwerden haben. Die Menschen sind wirklich merkwürdige Wesen.« Jetzt schmunzelte sie, war sie doch selbst mal ein solches gewesen.

»Oder auch die Haltung eines Menschen«, nahm der Großvater nach einer Weile des In-sich-Gehens den Faden wieder auf. »Hast du schon mal gehört, dass man in einer

Situation Haltung zeigt? Oder erinnerst du dich an Charlie Brown von den Peanuts? Er sagte einmal: ›Wenn du dich depressiv fühlen willst, musst du gebückt gehen. Und wenn du glücklich sein möchtest, aufrecht.‹ Probiere es aus! Versuche, in gebeugter Haltung zu gehen und gleichzeitig fröhlich zu sein. Das wird dir schwerfallen. Aber wenn du dich als Mensch aufrichtest und obendrein vielleicht noch die Hände zum Himmel streckst, dann kannst du kaum noch bedrückte Gefühle spüren. Ich sage dir, der Körper ist ein geniales System!«, schwärmte der Alte. »Das ist nur ein guter Tipp. Wenn sich ein Mensch schlecht fühlt, kann er seinen physischen Körper verändern und bewirkt dann mit der Zeit auch automatisch ein anderes Gefühl.«

»Cool!« Linea freute sich. »Kennst du noch mehr solcher Tricks, wie man sein Gefühl überlisten kann, wenn man als Mensch mal schlecht drauf sein sollte?«

»Klar kenne ich die. Es gibt so viele Kniffe, die sich der Mensch auf der Erde zunutze machen kann, um sich selbst zu überlisten. Du weißt ja: Im Gesicht eines Menschen kannst du seine Gefühlswelt ablesen. Ist er traurig, sind seine Mundwinkel nach unten gezogen. Möchtest du dieses Gefühl ändern, dann zieh einfach für neunzig Sekunden deine Mundwinkel mit den Fingern rechts und links nach oben. Das ist lustig, funktioniert aber. Du fühlst dich automatisch besser und fröhlicher. Ich habe mal gesehen, dass sich Leute einen Stift quer bis zu den Backenzähnen in den Mund schieben und dann automatisch die Mundwinkel hochgehen.«

Linea wollte es genauer wissen und fragte daher nach: »Aber wie ist das möglich, dass das bei jedem funktioniert?«

Ihr Großvater lächelte. »In der Wange des Menschen befinden sich kleine Drüsen, die sogenannte Glückshormone auslösen. Diese werden durch das Hochziehen der Mundwinkel automatisch aktiviert. Allerdings braucht das unter Umständen eine bis eineinhalb Minuten, wenn die Stimmung gerade sehr trüb ist.«

»Wahnsinn, das Leben auf der Erde ist echt leicht und einfach!«, sprudelte es aus Linea heraus.

»Das stimmt, aber erst wenn die Menschen so fleißig gelernt und geübt haben wie du. Wenn sie all das wieder im Bewusstsein haben. Das Gute ist, dass derzeit durch die Krise auf der Erde wieder mehr Menschen zu Bewusstsein erwachen, und das freut uns hier oben doch sehr, oder?« Der Alte kniff seine Enkelin neckisch in die Seite, woraufhin sie lachend mit »Oh ja!« bestätigte. »Schließlich sind alle Wesen auf Erden vollkommen und tragen all dieses Bewusstsein in sich. Daher müssten sie es eigentlich gar nicht erst lernen. Sie müssten nur wach werden. Sich erinnern. Und dadurch automatisch wieder zu erwachtem Bewusstsein gelangen. Dann ist das Leben auf der Erde ein Abenteuer, das sie mit Leichtigkeit und Freude genießen können.«

Linea stand auf und fing an, symbolisch über die Wiese zu hüpfen. Lachend sang sie:

Das Leben ist ein Abenteuer,
es ist nicht ungeheuer.
Es ist so easy und leicht,
dass sich die Fröhlichkeit einschleicht ...

Vergnügt sah der Alte dem Mädchen zu und wartete geduldig, bis es mit Singen und Tanzen fertig war. Überschwänglich lächelnd ließ es sich nach einer Weile wieder neben den Großvater auf die Wiese fallen und fragte: »Was kann der Mensch sich denn noch alles Gutes tun, damit sein Körper in Schuss bleibt? Er muss ja nicht so lange warten, bis eine Kontrollleuchte aufleuchtet und ihm eine Botschaft sendet, oder? Beim Fahrrad oder beim Auto lässt der Mensch ja auch immer mal eine Inspektion durchführen.«

Dem Alten war der Stolz anzusehen, den er für seine wissbegierige und kluge Enkelin empfand. »Oh, da gibt es so einiges, was er an ›Menschinspektion‹ machen kann.« Bei dem Wort »Menschinspektion« musste er grinsen. Fröhlich begann er aufzuzählen: »Der Mensch kann regelmäßig für Bewegung sorgen. Das ist wichtig, um alle Funktionen und Teile des Körpers zu unterstützen. Und da heute sehr viele Menschen aufgrund der fortgeschrittenen Technologie zu wenig Bewegung im Alltag haben, ist das inzwischen noch wichtiger geworden. Außerdem ist ein ganz wichtiger Aspekt – und diesen dürfen viele der Erdenbürger wohl zurzeit noch fest in ihren Lernplan aufnehmen – die Ernährung. Sie sind zwar, wie ich eben sagte, technologisch richtig gut entwickelt, was auch sehr lobenswert ist, aber bedauerlicherweise hatte das in der letzten Zeit zur Konsequenz, dass der Körper mit der Nahrung immer weniger Nährstoffe, die für ihn wichtig und zum Teil essenziell sind, aufnimmt. Als sehr bedenklich empfinde ich die Art, wie sie mit Tieren umgehen. Nicht nur dass der Mensch zutiefst unwürdig und respektlos bis hin zu verachtend und vergewaltigend mit ihnen umgeht, er schadet damit auch sich selbst! Der Mensch versucht immer schneller, höher und weiter zu kommen, vergisst dabei aber das Wesentliche und büßt seine Menschlichkeit ein. Skrupel kennt er in diesem Zusammenhang oft nicht. Er vergiftet Pflanzen und Tiere, damit diese schneller, leichter und billiger auf den Tisch kommen, übersieht dabei aber, dass er seinem Körper all diese Gifte über die Nahrung zuführt. Im Übrigen nicht nur die Schadstoffe, sondern auch die Emotionen. Denn die Gefühle bleiben im Bewusstsein des Tieres und somit auch die Angst vor dem Schlachthof. Und der Mensch nimmt diese Angst mit der Nahrung auf. Ich habe das Gefühl, das ist es, was den wenigsten Menschen wirklich bewusst ist. Aber auch da dürfen sie, unterstützt durch die aktuelle Krise, derzeit drüber nachdenken und Wege der Veränderung sowie eine sinnvolle Lösung für diese Problematik finden.«

Der Alte spürte, wie sehr seine Worte Linea bewegten, und nahm sie in den Arm. Mit den folgenden Worten beendete er die heutige Lektion: »Süße, das Gute ist, es wird sich jetzt alles ändern. Der Mensch muss und wird erkennen, was er der Erde und ihren Lebewesen während der letzten Jahre angetan hat. Und wir sind weder nachtragend noch schuldzuweisend, sondern helfen ihnen, aus ihren Fehlern beziehungsweise Lernerfahrungen zu lernen und sich zu bessern. Am Ende wird alles traumhaft schön auf der Erde, und das wird gar nicht mehr so lange dauern. Lass uns für heute aufhören und noch ein wenig die Schönheit der Wiese und der Insekten genießen.« Er erhob sich, zog seine Enkelin liebevoll auf die Füße und schlenderte mit ihr Arm in Arm über die Wiese Richtung Sonne.

»Eines möchte ich über den Körper aber doch noch wissen, Bubschen. Ich habe da so einen dunklen Fleck auf der Stirn. Den hatte ich schon auf der Erde, wie ich gestern auf dem Foto in Susanns Wohnung sehen konnte. War das auch ein Zeichen?«

Der Alte konnte nicht anders, er schmunzelte. »Ja, das ist deine Einzigartigkeit. Aber nun ist erst mal Pause.« Er sah Linea liebevoll an und drückte sie zärtlich an sich.

Selbstliebe

Als Susann wach wurde, freute sie sich, dass heute ein freier Tag war. Sie drehte sich zur Seite und sah Christian, der neben ihr lag und schlief. Sofort hüpfte ihr Herz höher. Was war sie dankbar, dass sie einander hatten. Gerade jetzt in dieser unsicheren und »ver-rückten« Zeit. Dann ging ihr Blick zurück und sie sah vor sich den Nachttisch. Susann nahm den Bilderrahmen in die Hand und betrachtete die beiden Mädchen darauf. Schöne Erinnerungen wurden in ihr wach. Sie glaubte sogar, das Lachen der beiden hören zu können. Wie oft waren sie und ihre Schwester im Wald neben ihrem Elternhaus herumgetobt und waren einfach glücklich und zufrieden inmitten der Natur gewesen. Sie hauchte einen Kuss auf ihren rechten Zeigefinger und hielt ihn vor das Bild. »Ich hab dich lieb, Kleines!« Sie spürte, dass es ihr heute längst nicht mehr so schwerfiel, wenn sie das Bild in Händen hielt, als noch vor Monaten. Durch einen Impuls aus dem Adventskalender der Mutmacherin inspiriert, den sie immer noch jeden Tag hörte, hatte sie sich vor Kurzem mit dem Thema Loslassen auseinandergesetzt. Sie hatte einige Rituale kennengelernt, wie sie Vergangenes loslassen und in Liebe gehen lassen konnte, ebenso wie das bewusste Verzeihen von Herzen. Vor allem sich selbst zu vergeben für Dinge, die man getan hatte, die einem aber noch schwer auf dem Herzen lagen. Sie hatte so etwas nie gemacht, aber bereits von Christian erfahren, dass es möglich war. Er war es auch gewesen, der sie darin bestärkt und sie dabei unterstützt hatte, sich noch einmal mit dem Tod ihrer Schwester und wie es dazu gekommen war zu befassen. Und vor allem ihr Herz freizumachen. Anfangs war es ungewohnt gewesen. Sie hatte sich zwar schon früher für Spiritualität und alles, was damit im Zusammenhang zu stehen schien, interessiert, sich dann aber doch nie richtig damit befasst. Ihr Umfeld hatte sie schon immer belächelt, wenn sie nur über Astrologie gesprochen hatte. Die Einzige, mit der sie seit dem Tod ihrer Mutter darüber sprechen konnte, war ihre Oma. Und seit einiger Zeit auch Christian. Während sie an ihn dachte, warf sie noch einen Blick auf die andere Betthälfte. Da sie ihn nicht stören wollte, nutzte sie den Kopfhörer, um sich den heutigen Impuls der Mutmacherin anzuhören. In diesem Beitrag ging es um den Körper. Entspannt lauschte sie den Worten der inspirierenden Frau und spürte, dass das Thema Körper auch etwas war, dem sie sich lange nicht gewidmet hatte. Wie jeden Morgen klang der Impuls mit einer wohltuenden Musik aus, während Susann ihren Gedanken nachhing. Nach einer Weile strich sie sich selbst über den Bauch und sprach leise und liebevoll: »Danke, dass es dich gibt. Ich gelobe Besserung im Umgang mit dir, mein lieber Körper. Versprochen!« Dann stand sie auf und ging ins Bad. Als sie vor dem Spiegel stand, sah sie hinein und lächelte. Sie verweilte einen Moment und sagte schließlich zu ihrem Spiegelbild: »Ich hab dich lieb. Du bist großartig!« Dann grinste sie. *Oh Mann*, dachte sie, *wenn das jemand sieht, dann stecken die mich in die Klapsmühle.«* Lachend verwarf sie den Gedanken und ergänzte, erneut in

Richtung Spiegel gewandt: »Nein, nein, du darfst dir selbst sagen, dass du dich magst. Das hast du viel zu lange nicht mehr getan, liebe Susann.« Sie lachte ihr Spiegelbild herzlich an. Dann ging sie auf die Toilette und anschließend wieder zurück ins Schlafzimmer. Sie kuschelte sich zu Christian unter die Decke und schloss noch für einen Moment die Augen.

Es gibt immer Antworten

*L*inea dachte noch lange über die Ausführungen über den Körper nach, während sie an einem See saß und auf das leicht wellige Wasser schaute.

Aber wenn die Menschen nun schon so viel Gift in sich aufgenommen haben, wie können sie das gegenüber ihrem Körper wiedergutmachen? Oder geht das nicht mehr?, überlegte sie, als sie plötzlich eine helle Stimme vernahm. Ihr huschte ein Lächeln über das Gesicht, denn sie kannte die Stimme. Einer der Engel hatte sich neben sie gesetzt und sie wusste augenblicklich, dass sie eine Antwort auf ihre Frage bekommen würde. So wie immer, wenn sie Fragen beschäftigten. Auch hier oben, genauso wie auf der Erde, wurden alle Fragen, die man hatte, beantwortet. Man musste nur leise lauschen und aufmerksam sein. Das hatte Linea inzwischen gelernt und sie war nicht mehr überrascht, dass plötzlich jemand neben ihr war.

»Hallo, lieber Engel«, grüßte sie das weiße, leuchtende Wesen neben sich.

»Die Menschen sind schon interessante Wesen, oder?«, fragte der Engel, ohne den Gruß zu erwidern. Als Linea nickte, sprach er weiter: »Du bist ein fleißiges Wesen. Meine Hochachtung, was du schon alles gelernt hast und was für wahnsinnig spannende Fragen du stellst! Ob Menschen etwas tun können, wenn sie zu viele Giftstoffe über die Nahrung aufgenommen haben, möchtest du wissen? Ja klar, der Mensch kann immer etwas tun. Sogar im physischen Bereich. Er kann zum Beispiel fasten, oft reichen ein paar Tage. Darüber freut sich der Körper, denn er ist für eine Weile von bestimmten Tätigkeiten befreit, so zum Beispiel von der Verdauung. Und weil ihm das so große Freude bereitet, beginnt er damit, sämtliche Kraft und Energie ins Reparieren und Heilen zu stecken. Da der Körper ein perfektes Netzwerk aus einzelnen Komponenten ist, weiß jede Zelle, was zu tun ist, und macht sich umgehend zu Diensten des Menschen an die Arbeit. Abgefahren, oder?« Der Engel lachte und sah in die staunenden Augen des Mädchens.

»Und als Dankeschön ändern sie dann ihre Essgewohnheiten und bewegen sich, tanzen vor Freude und feiern ein Fest auf die Veränderung«, schlussfolgerte die Kleine etwas naiv.

»Na ja«, sagte der Engel und überlegte, was er darauf erwidern sollte. »Ja, ich denke, das ist dann oft so, nicht immer, aber vielleicht immer öfter.« Schmunzelnd blieb er noch eine Weile, den Blick auf den See genießend, neben dem Mädchen am Wasser sitzen, bevor er sich wieder in Luft auflöste.

Heute ist ein schöner Tag

 *C*hristian drehte sich um und öffnete langsam die Augen. Auch Susann, die noch einmal eingeschlafen war, wurde nun wieder wach, drückte ihrem Freund einen zärtlichen Kuss auf und fragte ihn, wie er geschlafen habe. Eng aneinandergekuschelt lagen die beiden noch eine ganze Zeit im Bett und sprachen über dies und das.

Irgendwann fragte Christian: »Was machen wir zwei Hübschen nun mit diesem traumhaft schönen freien Tag?« Er sah Susann liebevoll in die Augen. Sie überlegte einen Moment und sagte dann: »Ich würde heute gerne um den See spazieren, aber vorher noch zum Friedhof gehen. Ich habe einen kleinen Engel aus dem Laden mitgebracht, den ich Linea aufs Grab legen möchte. Wäre das okay für dich und würdest du mitkommen wollen?«

Christian sah eine Träne in den Augen seiner Freundin, wusste aber inzwischen, dass er sich keine Gedanken machen musste. Liebevoll strich er ihr über die Wange und erwiderte: »Sehr gerne, das ist eine gute Idee.«

Sie frühstückten in aller Ruhe und machten sich anschließend auf den Weg. Es war ein wunderschöner Dezembertag, und da der Friedhof nicht weit entfernt war, beschlossen die beiden, mit dem Rad rüberzufahren. In dicker Winterjacke, Mütze, Schal und Handschuhen fuhren sie zunächst durch den Wald, dann an Wiesen und Feldern vorbei und genossen die frische Luft. Die Sonne, die sie von vorne beschien, tat ihnen gut. Sie stellten die Fahrräder am Eingang des Friedhofes ab und folgten dem Hauptgang bis zum hinteren Gebiet, in dem auch das Grab lag, das sie besuchen wollten. In Gedanken versunken gingen sie Hand in Hand. Vor der Grabstätte blieben sie stehen. Susann bückte sich, um dem Engel links vom Grabstein ein kleines Plätzchen freizuharken. Der Boden war aufgrund der Kälte sehr fest, aber sie schaffte es trotzdem, eine Kuhle zu machen, in die sie den Engel hineinstellen konnte.

Tröstende Engel

_L_inea saß, wie so oft, auf ihrer Lieblingswolke, ließ die Füße baumeln und blickte auf die Erde herunter. Wieder einmal ging ihr Blick Richtung Norden und heute zu dem Friedhof in der Kirchenstraße eines kleinen Städtchens. Sie sah Susann und ihren Freund Hand in Hand über den Friedhof gehen. Keiner der beiden sprach ein Wort. So war es meistens, wenn Linea auf Friedhöfe hinuntersah, dort wurde selten viel gesprochen. Susann kniete vor einem – nein, nicht einem, sondern genau diesem – Grab nieder und stellte behutsam einen Engel neben den Grabstein.

»Oh, ein Engel«, murmelte das kleine Mädchen auf der Wolke. »Aber du Liebe, ich bin doch dein Engel!«

Als Linea sah, wie Susann Tränen in die Augen schossen, hüpfte sie von der Wolke und schwebte dem Friedhof entgegen. Sie stellte sich hinter den Grabstein und flüsterte: »Du brauchst nicht traurig zu sein. Ich bin doch hier und es geht mir gut.« Ein gelbes, helles Licht floss von ihr zu Susann und umhüllte sie. Wie ein Kokon, der sich schützend um sie legte.

»Du fehlst mir, egal, wie viel Mühe ich mir gebe, dich loszulassen«, hörte sie Susann schluchzen. Nun bückte sich auch ihr Freund, Christian, und nahm Susann in den Arm.

»Bubschen, wie kann ich ihr helfen, damit sie nicht mehr so traurig ist? Bitte hilf mir!«, flehte das Mädchen im weißen Kleid, das den Blick in den Himmel gerichtet hatte.

Plötzlich hörte sie die Stimme ihres Großvaters hinter sich und drehte sich erfreut um. »Auf dich ist immer Verlass!«, sagte sie und drückte sich an den alten Mann. »Was kann ich tun?«, fragte sie ganz leise, fast so, als hätte sie Angst, Susann und Christian könnten sie hören. »Sie ist immer noch so traurig und weint.«

Der Alte drückte sie ganz fest an sich und antwortete: »Du kannst es genauso machen, wie die Menschen es tun. Sende ihr einfach liebevolle Gedanken. Wenn die Menschen in Gedanken aus ihrem Herzen kommende, liebevolle Absichten verschicken, dann wirkt das auf den jeweils anderen. Wenn du jemandem Liebe und Frieden schickst, dann spürt derjenige das tief in sich. Oder wenn du Trost sendest, dann kommt der immer an. Nicht jeder Mensch fühlt das mehr bewusst, aber es erreicht jeden zumindest unbewusst.«

Das wollte Linea gleich mal ausprobieren. Sie schickte tröstende und liebevolle Gedanken zu Susann, die neben ihr immer noch weinte. Und dann, ganz plötzlich, versiegten die Tränen. Susann drehte ihren Kopf suchend in die Richtung, in der Linea mit ihrem Großvater stand. Ihre Augen begannen zu leuchten und ein leises Lächeln huschte über ihr Gesicht. Linea war berührt und schickte gleich noch einmal Licht, Liebe und Trost zu Susann, die immer noch suchend um sich blickte und sich nach einer Weile an ihren Freund wandte. »Mir ist auf einmal ganz warm«, sagte sie. »Schatz, ich habe das Gefühl, wir sind nicht allein. Aber dieses Gefühl tut gut.«

Wortlos standen sie beide auf und nahmen sich in den Arm. Eng umschlungen standen sie noch eine Weile neben dem Grab und blickten gemeinsam auf den Engel.

Linea, die jeden von Susanns Gedanken verstanden hatte, wandte sich an ihren Großvater. »Warum will sie für mich einen Schutzengel aufstellen? Ich bin doch ihr Engel und es geht mir gut!«

Der Alte, der seinen Blick auf das Paar vor dem Grab gerichtet hielt, erklärte: »Das weiß sie wahrscheinlich nicht. Aber der Engel ist dann einfach für euch beide da. Übrigens hast du das gerade sehr gut gemacht. Du hast hoffentlich gemerkt, dass deine Liebe und dein Trost bei ihr angekommen sind.« Stolz strich er seiner Schülerin über das blonde Haar.

Linea lächelte. »Hast du vorhin gesagt, dass die Menschen das auch können, sich mit den Gedanken trösten, oder habe ich das falsch verstanden? Wenn ja, wie geht ...« Sie brach ab, weil Susann wieder zu reden begann.

»Ich will nicht mehr traurig sein! Wann hört das endlich auf? Sie ist doch schon so lange tot. Ich will einfach nicht mehr traurig sein!« Erneut fing Susann an zu weinen. Nicht mehr so heftig wie noch vor ein paar Minuten, aber ein paar dicke Tränen kullerten ihr doch über die Wangen.

Der Großvater schaute zu Linea, die sofort verstand. Wieder schickte sie liebevolle, tröstende Gedanken und sagte: »Ich bin bei dir. Du bist nicht allein und wir sehen uns doch wieder!«

Augenblicklich hörte Susann auf zu weinen und wischte sich mit dem Taschentuch, das Christian ihr reichte, die Tränen ab. »Okay, okay«, wisperte sie. »Ich höre ja schon auf zu weinen. Du bist wahrscheinlich da oben im Himmel und lässt es dir gut gehen, und ich Heulsuse stehe hier immer noch traurig he...« Überrascht und ein wenig erschrocken über ihre Worte, die sie auch noch an eine Tote richtete, brach sie ab und wandte sich an Christian: »Wir können jetzt gehen. Es tat gut, hier zu sein. Ich habe gerade das Gefühl, dass es meiner kleinen Schwester gut geht.« Sie machte Anstalten zu gehen, drehte sich aber noch einmal kurz zum Grab um und warf eine Kusshand in Richtung des Engels. Dann gingen sie und Christian zügigen Schrittes zurück zu den Fahrrädern.

Nach einem Moment des Schweigens sprudelte es aus Linea heraus: »Bubschen, was war das denn? Ich bin völlig überwältigt von dem, was meine Gedanken und Worte bei Susann ausgelöst haben!« Ihre Augen leuchteten vor Freude. »Und nun noch mal zu meiner Frage: Können die Seelen, die hier auf der Erde sind, so wie Susann und Christian zum Beispiel, das auch?«

Sie und ihr Großvater blickten dem Paar hinterher, und erst als die beiden hinter der großen Kastanie verschwunden waren, drehte sich der Alte zu Linea um und antwortete: »Oh ja, natürlich können die Menschen das auch. Sie sind doch alle miteinander verbunden, und somit geht jeder Gedanke als Energie in das große Feld und erreicht auch die Person, zu der die Aufmerksamkeit gelenkt wird. Selbst wenn einer in Amerika am Grand Canyon sitzt und einen Gedanken oder einen Wunsch an eine bestimmte Person in Europa sendet, kommt es an. Die Menschen unterliegen noch dem Irrtum, dass sie dafür ein Mobiltelefon brauchen. Aber wenn sie eines Tages ihre Kanäle und ihre Herzen offen haben und auch bereit sind zu empfangen, dann wird es ihnen möglich sein, ohne diese Hilfsmittel miteinander zu kommunizieren. Allerdings haben das leider die meisten

auf der Erde verlernt. Oder sie haben ihr Herz verschlossen.«
Der Alte ließ das Gesagte einen Moment wirken und fügte
dann hinzu: »Jeder Gedanke, den ein Mensch aussendet,
hat Auswirkungen. Jeder Glaube, jede Erwartung wirkt auf
ihn. Sie wirken sogar stärker als Worte. Manchmal versuchen
die Menschen sich gegenseitig etwas vorzumachen, aber
das Gegenüber fühlt mehr, was die Person vom Herzen sagt,
als das gerade gesprochene Wort ihm vermitteln soll. Deshalb ist es auch nicht lohnenswert, wenn Menschen einander
belügen, denn ihre Herzen sprechen stets die Wahrheit.
Und wenn man offen für die Wahrheit ist, dann durchschaut
man jede Lüge. Hinzu kommt, dass sich an der Körperspra-
che die Wahrheit viel deutlicher ausmachen lässt als am ge-
sprochenen Wort.«

»Das ist echt spannend!«, stellte Linea fest. »Dann frage
ich mich, warum sie nicht gleich alle offen und ehrlich aus
dem Herzen sprechen? Das wäre doch viel einfacher und
würde nicht so viele Missverständnisse und Chaos in ihr Leben bringen.«

»Klug, klug, mein Mädchen, aber die Menschen sind
halt, wie sie sind. Und viele liegen noch unter dem Schleier
des Vergessens und glauben, dass man ihnen ihre Lügen
abnimmt. Sie meinen es selten böse. Meist steckt dahinter
eine Angst. Angst, ihre wahren Gefühle, ihr wahres Gesicht
zu zeigen. Das nehmen wir ihnen aber nicht übel. Etwas
übelzunehmen wäre nur ein Bewerten oder gar Verurteilen,
und das tun nur die Menschen, wir nicht.« Der Großvater
zwinkerte der Kleinen zu.

»Aber eines verstehe ich dann doch noch nicht ganz,
Bubschen«, warf Linea ein, nachdem sie einen Augenblick
über das Gehörte nachgedacht hatte. »Du sagtest doch

neulich, dass es aus dem Wald herausschallt, wie man hineingerufen hat. Und wenn Susann sich wünscht, nicht mehr traurig zu sein, warum ändert es sich dann nicht? Du meintest doch, alle Wünsche würden erfüllt werden, wenn wir nur daran glauben und davon überzeugt sind, dass sie sich erfüllen. Glaubst du, sie will die Traurigkeit nicht wirklich beenden? Oder gar, dass sie sich in Wahrheit etwas anderes wünscht?« Eine tiefe Grübelfalte zierte Lineas Gesicht. Das wollte ihr einfach nicht in den Kopf.

Der Großvater freute sich über den Gedankengang seiner Enkelin. »Weißt du, Linea, ich denke schon, dass Susann es sich wirklich wünscht, nicht traurig zu sein, und auch fest daran glaubt, dass das möglich ist. Von diesem Stand aus kann so eine Affirmation – ›Ich will nicht mehr traurig sein!‹ – wirken. Und in Wahrheit wirkt sie auch. Sie hat nur zwei kleine Haken. Aber davon erzähle ich dir nachher, jetzt brauche ich erst einmal eine kleine Pause.«

Unsichtbare Bande

$\mathcal{S}$usann beschleunigte ihre Schritte und zog Christian mit sich. Sie hatte das dringende Bedürfnis, den Friedhof für heute zu verlassen. Noch eine ganze Weile hing sie ihren Gedanken und ihren Gefühlen nach und war sich nicht sicher, was das alles zu bedeuten hatte. Vor allem verwirrten sie die unterschiedlichen Emotionen, die sie während der Zeit am Grab durchlebt hatte. Zum einen die Tränen, die auf einmal da gewesen waren, und zum anderen dieses wohlige Gefühl, als wäre jemand bei ihr gewesen. Ihr war so warm ums Herz geworden, als wollte sie jemand trösten und ihr die Trauer erleichtern. *Bilde ich mir das alles nur ein?*, überlegte sie. *Oder werde ich womöglich verrückt und habe Wahnvorstellungen?* Zunächst ängstigten sie diese Gedanken, doch dann konnte sie sie schnell wieder wegwischen. Laut sprach sie vor sich hin: »Vielleicht hat sich auch einfach nur der Wunsch erfüllt, sie noch mal zu fühlen.«

Bei den Fahrrädern angekommen, fragte Christian besorgt: »Alles okay, Schatz?«

»Alles gut«, bestätigte Susann. »Ich bin heute wohl nur sehr emotional und meine Gefühle spielen Achterbahn. Aber es ist alles in Ordnung.«

Sie schlossen ihre Räder auf, um zum See zu fahren, als Susann plötzlich einfiel: »Heute ist doch der Vortrag in der

Bücherei. Den hätte ich fast vergessen.« In der Stadtbibliothek wurde ein Vortrag zum Thema »Alle wollen Frieden, aber warum ist Weltfrieden so schwer zu erreichen?« angeboten. Sie und Sandra hatten sich Karten gekauft. Aufgrund der Kontaktbeschränkungen war der Vortrag zwar nicht abgesagt worden, aber er fand online statt. Deshalb hatte sie Sandra für heute Abend zu sich nach Hause eingeladen und sie wollten es sich auf dem Sofa gemütlich machen, während sie dem Vortrag lauschten.

»Ja, richtig«, erinnerte sich nun auch Christian. »Gut, dass dir das noch eingefallen ist.« Er lachte. »Wollen wir nach unserem Spaziergang ein paar Chips und eine Flasche Wein besorgen? Dann hättet ihr einen richtig schönen Mädelsabend.«

Susann nickte. »Gute Idee!«, sagte sie. »Möchtest du dabei sein? Das Thema interessiert dich doch sicher auch, oder? Ich bin jedenfalls sehr gespannt.«

Christian freute sich sichtlich über ihre Frage und nickte. »Sehr gern!« Mit Blick auf den blauen Himmel ergänzte er: »Aber nun lass uns zum See fahren. Das Wetter ist ja fantastisch!«

Wünsche werden immer erfüllt

*L*inea wippte aufgeregt auf ihrer Wolke. Ungeduld und Neugierde ließen sie fast platzen, aber sie wusste, dass ihr Großvater, der schon etwas älter war, immer mal eine Pause benötigte. In einem Moment wie diesem jedoch fiel es ihr schwer zu warten, wollte sie doch unbedingt wissen, warum Susanns Wunsch, nicht mehr traurig zu sein, nicht wie alle Wünsche der Menschen in Erfüllung ging. Obwohl, wenn sie so nachdachte, hatte ihr Großvater gesagt, dass er erfüllt worden sei. Doch Linea konnte es beim besten Willen nicht erkennen, denn Susann wirkte immer noch furchtbar traurig. Auch jetzt, während sie sie neben ihrem Fahrrad stehen sah.

Sie hatte von den Engeln und auch von ihrem Großvater gleich in der ersten Himmelsklasse gelernt, dass sich alle Wünsche der Menschen erfüllten, denn sie hatten ja einen freien Willen – das war das oberste Himmelsgebot. Deshalb konnten die Engel den Menschen auch nur helfen, wenn diese es zuließen. Aber dieser Wunsch – »Ich will nicht mehr traurig sein!« – klang für sie eindeutig und sollte doch schwuppdiwupp erfüllt sein. Sie dachte dabei an Harry Potter und Arresto Momentum, mit dem alles langsamer wurde, was sich bewegte. Oder an Aladin und die Wunderlampe. *Aber was ist der Casus knacksus?*, überlegte sie.

Schon bald wurde ihr klar, dass sie warten musste, bis ihr Großvater zurückkam. Sie konnte natürlich auch die Engel fragen, aber das wäre unhöflich gegenüber Bubschen. Nein, sie beschloss, sich in Geduld zu üben, und ließ ihre Füße baumeln, während sie Susann und Christian beobachtete, die jetzt um den großen See spazierten. Erst als die beiden ihre Runde fast beendet hatten und ihre abgestellten Fahrräder in Sichtweite waren, vernahm Linea ein Räuspern hinter sich.

»Oh, du bist schon wieder da, Bubschen!«, rief sie und beteuerte: »Ich war heute auch nicht ungeduldig!«

Ihr Großvater grinste, kannte er sie doch gut genug und wusste genau, wie schwer es ihr gefallen war, auf ihn zu warten. »Liegt heute noch was Wichtiges an, meine liebe Schülerin?«, fragte er neckend.

»Ja, wie konntest du das vergessen? Du wolltest mir erzählen, warum Susanns Wunsch, ›Ich will nicht mehr traurig sein!‹, einfach nicht in Erfüllung geht. Du sagst doch immer, der Mensch hat sein sogenanntes Schicksal selbst in der Hand. Warum ist Susann denn immer noch traurig? Du hast mir doch mal von der Wirkung der Affirmationen erzählt.« Fragend, ja beinahe flehend sah sie ihren Großvater an, der sich in diesem Moment zu ihr setzte. »Komm schon, Opi, du weißt es doch!«, drängelte Linea und dem Alten war anzusehen, wie er sich über die Ungeduld der Kleinen amüsierte.

Aber dann gab er doch nach und fing an zu erklären: »Es ist absolut richtig: Das Universum erfüllt jeden Wunsch des Menschen, egal, wie groß oder klein, und gleichgültig, ob gut oder böse. Aber es gibt da doch ein paar Punkte, auf die der Mensch achten sollte. Fangen wir mit einem an, der gerade in diesem Fall zum Tragen kommt. Davon abgesehen, dass Traurigkeit auch ein Teil des Lebens auf der Erde ist, ein Bestandteil der Erfahrungen, die die Seele in dieser Zeit machen möchte. Aber zurück zu deiner Frage: Die Erdenbürger sprechen zwar mit Worten, aber das menschliche Gehirn denkt in Bildern. Es lässt ein Bild entstehen, und das wird – Simsalabim! – erfüllt. Wenn du zum Beispiel zu jemandem sagst: ›Denk nicht an ein violettes Kamel‹, dann wird der- oder diejenige automatisch an ein lila Wüstentier denken. Wenn Susann sich also immer wieder wünscht, ›nicht traurig‹ zu sein, dann entsteht ein Bild von ›traurig‹, denn ein Bild kann nicht ›nicht‹ sein. Deshalb sind Wörter wie ›kein‹, ›nicht‹ und jegliche andere Form der Verneinung eher ungünstig. Das ist das eine. Auf der anderen Seite sagt Susann jedes Mal: ›Ich will‹, also wird ihr Wunsch immer erfüllt, nämlich dass sie so sein möchte. Um seine volle Schöpferkraft ausnutzen zu können und der Erschaffer des eigenen Wunschabenteuers zu werden, bedarf es ein wenig Handwerkskunst. Und dies waren bisher nur zwei Punkte. Beim Wünschen und Schöpfersein gibt es noch mehr Aspekte, die man beachten sollte. Sonst passiert einem das, was dem jungen Mann mit dem blauen Golf, den du letzten Monat gesehen hast, geschehen ist – du erinnerst dich? Was hat er sich noch gewünscht?«

Linea schmunzelte. »Natürlich erinnere ich mich. Er wollte sich ein neues Auto kaufen und hat sich gewünscht, dass er sein altes Auto loswird.« Sie konnte vor Lachen den Satz kaum zu Ende sprechen. Obwohl sie wusste, dass es Schadenfreude war, musste sie trotzdem lachen, weil es eine sehr gute Lernerfahrung war, die sie nicht selbst machen musste. »Der Mann wollte sein altes Auto gut verkauft bekommen, aber das wusste das Universum ja nicht. Das hat nur aus dem Uni-Wunsch-Kaufhaus geliefert. Und schwups, wurde sein Auto geklaut! Tatsächlich ist er es losgeworden, wie er es sich gewünscht hat.«

»Dumm gelaufen. Teures Lehrgeld«, platzte es aus dem Alten heraus.

»Aber das passiert ihm zum Glück nur einmal. Nächstes Mal ist er etwas präziser mit seinen Wünschen«, folgerte Linea und freute sich über diese Beobachtung auf der Erde. Sie holte kurz Luft und bat ihren Großvater: »Komm, erzähl mir bitte noch ein paar Wunschregeln.« Während sie auf eine Reaktion wartete, spürte sie schon, dass es heute nichts mehr werden würde. Geduld war eine Tugend, die sie wohl noch länger üben musste.

»Du wirst all das schon noch lernen. Bis zum Himmelsabitur wirst du auch diese Dinge wissen – also bald. Lass uns Feierabend machen und uns in die Berge begeben.« Mit diesen Worten erhob sich der Großvater und war in Windeseile auf und davon.

Warum ist Weltfrieden so schwierig?

*K*urz vor sieben klingelte es an der Haustür und Susann ließ ihre Freundin herein. Christian, der gerade den Laptop an den Fernseher angeschlossen hatte, kam nun auch auf den Flur und sagte mit einem freudigen Lächeln im Gesicht: »Hallo Sandra. Schön, dich zu sehen! Susann hat es uns schon gemütlich gemacht.« Nachdem die drei einander herzlich begrüßt hatten, gingen sie gemeinsam ins Wohnzimmer, in dem bereits der Kamin brannte. Susann und Christian hatten nach ihrem Spaziergang um den See den Weihnachtsbaum hereingeholt und ihn gemeinsam geschmückt. Soeben hatte Susann noch ein paar Kerzen angezündet, die Flasche Wein stand mit drei Gläsern und etwas Knabberkram auf dem Tisch und alles wirkte sehr behaglich.

Eine Weile plauderten sie, bis es um zwanzig Uhr losging. Sie kannten Frau Wesemann, die den Vortrag hielt, schon von anderen Veranstaltungen in der Umgebung und waren sehr gespannt. Nachdem die Leiterin der Bücherei ein paar einleitende Worte gesprochen und Frau Wesemann vorgestellt hatte, übergab sie das Wort an die Rednerin, die sich zunächst noch einmal persönlich vorstellte. Sie berichtete, warum sie das Thema gewählt hatte, und erklärte, dass sie zum Zeitpunkt der Verabredung zu diesem Vortrag nicht einmal in Ansätzen geahnt hatte, wie aktuell der Beitrag heute sein würde. Sie hatte das Thema im vergangenen Jahr ausgewählt, weil Frieden schon immer einen großen Stellenwert in ihrem Leben eingenommen hatte und ihr dieser stets am Herzen lag. Aufgrund der aktuellen Lage sei ihr aber bewusst geworden, dass das Thema mittlerweile an Bedeutung gewonnen habe. Sie begann damit, den Frieden aus mehreren Perspektiven zu beleuchten, und legte unterschiedliche Situationen zugrunde – vom Frieden innerhalb der Familie über das Berufsleben und viele Bereiche des gesellschaftlichen Lebens bis hin zum Weltfrieden. Christian hatte inzwischen den Wein entkorkt und stieß nun mit Susann und Sandra auf den Frieden an. Dann lauschten sie den Worten der jungen Frau, die vielleicht Mitte dreißig sein mochte.

»... die meisten Menschen wünschen sich Frieden. Vielleicht denken wir auch mal an Martin Luther King zurück.« Frau Wesemann sprach unter anderem von den Zeiten des Krieges zwischen den Nord- und den Südstaaten in Amerika, erinnerte aber auch an den Mauerfall in Deutschland vor gut dreißig Jahren und dessen Bedeutung. Ebenso erwähnte sie all die Menschen, die täglich für den Frieden beteten, besonders in den Gebieten, die sich gerade im Krieg befanden. Ihr Vortrag war mehr als informativ. Susann, Christian und Sandra folgten ihm mit großem Interesse, der Rednerin gelang es sogar, sie regelrecht in ihren Bann zu ziehen. Das Gesagte verpackte sie zudem mit einer angemessenen Portion Humor. Währenddessen standen die Chips unangerührt auf dem Couchtisch.

Schließlich wurde der Vortrag doch etwas ernster. »Aber haben Sie nicht auch Verständnis dafür, sprich verstehen Sie – damit meine ich nicht gutheißen –, dass andere wiederum der Gedanke, dass auf der ganzen Welt Frieden ist, beängstigt?« Sie machte eine Pause und ließ die Zuhörer ganz kurz ihren Gedanken und vielleicht einer Antwort auf die Frage nachgehen, bevor sie fortfuhr: »Vielleicht weil es ihre Existenzgrundlage und gegebenenfalls auch ihre Position in der Gesellschaft gefährden würde. Menschen, die von Unfrieden leben, seien es Soldaten, Politiker, Rechtsanwälte oder andere. Ich denke da zum Beispiel gerade an Nähereien von Bundeswehrkleidung und all ihre Angestellten. Forscher von chemischen oder biologischen Waffen. Oder an die Angestellten beim Verteidigungsministerium. Ach, da gibt es noch so manche, die mir einfallen würden. Ich bin mir sicher, das sind selten böse Menschen, vor allem keine Terroristen. Aber vielleicht möchten oder müssen sie ihre Familie ernähren. Und weil es ihr Beruf ist, wären sie in der Zwickmühle, wenn auf der Erde auf einmal alles friedlich wäre. Das mag ein extremer Gedankengang sein, aber liege ich damit so falsch?« Sie blickte fragend in die Kamera, fast so, als erwartete sie vom Publikum an den Bildschirmen eine Antwort.

Aber dann fuhr sie fort: »Oftmals hat eine Position, ob in einem Konzern, in der Politik oder im Wissenschaftsunternehmen, auch etwas mit Ansehen und Stand in der Gesellschaft zu tun. So eine Position zu verlieren, kann schnell mal Angst hervorrufen. Und Angst ist, wie wir alle wissen, kein guter Begleiter oder Berater. Es gehört schon eine gute Portion Selbstliebe und Selbstwertgefühl dazu, sich in einer solchen Situation nicht von Furcht oder Angst überwältigen zu lassen.«

Sie holte tief Luft und fragte: »Können Sie, wenn Sie das jetzt hören, Mitgefühl empfinden, erstens wenn Personen aus diesen Gründen nichts tun, um Weltfrieden zu fördern, und zweitens, wenn jemand von diesen Menschen etwas tut, damit Frieden vernichtet und Konflikte oder gar Krieg angezettelt werden? Wenn Macht als unbewusste Waffe genutzt wird?«

Angesichts dieser Fragen mussten Susann, Christian und Sandra schlucken. Betroffen sahen sie sich an, doch schon wenig später widmeten sie ihre Aufmerksamkeit wieder der Frau am Bildschirm, die unbeirrt fortfuhr: »Das sind schwere Fragen, und in diesen Fällen, besonders den zuletzt genannten, fällt es wahrscheinlich nicht leicht, Mitgefühl oder gar Verständnis zu entwickeln.« Wieder ließ sie eine kurze Pause für eigene Gedanken entstehen. »Wir müssen aber gar nicht nur ganz nach oben schauen. Fängt es nicht eventuell schon im kleinen Kreis im Privaten an? Gibt es womöglich auch in Ihrem persönlichen Umfeld Personen, denen ohne Zwist und Streit etwas fehlen würde? Wäre gar Ihr eigenes Leben gegebenenfalls langweilig oder trist? Wo fängt Frieden an?«

Susann wagte kaum zu atmen, so gefesselt war sie von dem Vortrag. Ein kurzer Blick zu Christian und Sandra bestätigte ihr, dass es ihnen genauso erging.

»Ich denke«, fuhr Frau Wesemann fort, »Frieden fängt bei jedem Einzelnen an. Jeder ist ein Teil des von vielen gewünschten Weltfriedens. Deshalb sollten wir nicht ausschließlich mit dem Finger auf die großen Führungspersonen zeigen, sondern meiner Meinung nach erst einmal im kleinen Kreis und bei uns selbst anfangen. Ich stelle aktuell fest, dass der Frieden bereits gestört ist, wenn wir die Meinung anderer nicht akzeptieren. Neulich hörte ich von Freunden, die sich mit ihren besten Freunden völlig zerstritten hatten, nur weil sie unterschiedliche Sichtweisen bezüglich der derzeitigen

Entscheidungen der Regierung vertraten. Existiert nicht vielleicht schon da der erste Zündfunke für Krieg, dort bei uns vor der eigenen Haustür?«

Susann musste sofort an Danny und Julia denken, von denen sie und Christian seit ihrem Streit nichts mehr gehört hatten. *Die Rednerin hat ja so recht!*, dachte sie.

»Mir ist bewusst, dass ich hier gerade sehr provokative Fragen stelle. Und ich bin ehrlich: Zu gern hätte ich das jetzt hier vor Ort mit Ihnen in einer kleinen anschließenden Diskussionsrunde erörtert. Aber vielleicht ist das ja irgendwann noch mal möglich.« Die Rednerin switchte auf eine neue Seite ihrer Präsentation, die auf dem Bildschirm gut zu sehen war. Dort stand in großen Buchstaben das Wort »Toleranz«. Ein Mausklick und es wurde ergänzt mit den Worten: »Annahme der Andersartigkeit meines Gegenübers.« Als dritter Punkt folgte schließlich: »Bedingungslose Liebe.« Sie referierte dann noch ein paar Minuten über diese drei Punkte, doch in Susann arbeitete es. Sie sah hinüber zu Sandra, die auf ihrem gemütlichen Relaxsessel saß und offenbar genauso tief in das Thema versunken war wie sie. Dann fing sie Christians Blick auf, woraufhin er näher an sie heranrückte und sanft seinen Arm um sie legte. Sie bemerkte, dass Frau Wesemann noch über dies und jenes sprach, war aber nicht mehr aufnahmefähig und lehnte sich an Christians Schulter. Ihre Gedanken schweiften erneut zu Danny und Julia und sie fragte sich, wann sie ihren Streit beilegen würden. Schließlich überlegte sie, wo es in ihrer kleinen Welt sonst noch Unfrieden gab. Irgendwann schweiften ihre Gedanken zu ihrem Laden und gleich darauf wieder zurück zu ihren Freunden, als sie die Abschlussworte der Rednerin vernahm. Frau Wesemann wünschte sich für sich sowie für alle in der Welt –

besonders den Zuhörern zu Hause – Frieden. Zu guter Letzt wünschte sie gesegnete und besinnliche Weihnachtstage.

Christian, der den Laptop kurz darauf ausgeschaltet hatte, war der Erste, der seine Sprache wiederfand. »Oh Mann, das waren mutige Worte in diesen Tagen! Aber sie bewegen – mich zumindest – zum Nachdenken.« Er stellte den Laptop weg, bot Susann und Sandra ein weiteres Glas Wein an und hielt ihnen die Chips vor die Nase, bevor er selbst davon nahm. Dann sprachen sie noch eine Weile über den Vortrag, schließlich aber auch über andere Dinge, sodass es am Ende ein sehr gemütlicher und fröhlicher Abend wurde. Eine Stunde vor Mitternacht verabschiedete sich Sandra und ging nach Hause – sie wohnte nur ein paar Häuser entfernt.

Susann beschäftigten die Fragen aus dem Vortrag noch lange. Frau Wesemann hatte Gedanken in ihr ausgelöst, über die sie noch nie so recht nachgedacht hatte. Ein paar Wortfetzen kamen ihr in Erinnerung. Kurz überlegte sie, was die Rednerin gesagt hatte, nachdem sie über die Menschen gesprochen hatte, die aus Angst, ihre Arbeit oder ihre Position zu verlieren, nicht gerade darauf erpicht waren, den Weltfrieden zu unterstützen. *Aber ich bin mir sicher, dass es für all diese Menschen eine neue, vielleicht noch schönere Aufgabe gäbe. Sie könnten einfach loslassen und sich auf das unbekannte Neue freuen. Aber das ist natürlich einfacher gesagt als getan.* Ja, sie musste der Frau in diesem Punkt recht geben. Oft ist es einfacher, etwas zu sagen und zu wissen, als es tatsächlich in die Tat umzusetzen.

Christian, der noch eine Zeit lang schweigend neben ihr auf dem Sofa gesessen hatte, unterbrach ihre Gedanken und fragte: »Was hältst du von dem Projekt ›Haus der Begegnung‹?«

Susann, plötzlich aus ihren Gedanken gerissen, stutzte und wusste zunächst nicht, wovon Christian sprach. Nachdem er ihren fragenden Blick registriert hatte, ergänzte er: »Das Haus der Begegnung, von dem sie am Ende erzählt hat. In der Behlerstraße. Hast du das nicht mehr mitbekommen? Sie waren im Begriff, einen Verein zu gründen und ein Haus der Begegnung schaffen. Ich fand, das klang sehr interessant.«

Verlegen erwiderte Susann: »Oh, das habe ich tatsächlich nicht mehr mitbekommen. Ich war wohl so mit all dem beschäftigt, was vorher gesagt wurde. Magst du mir davon erzählen? Aber vielleicht lieber morgen, denn heute bin ich nicht mehr aufnahmefähig. Außerdem bin ich müde.«

Christian, der in diesem Moment anfing zu gähnen, nahm sie in den Arm und erwiderte: »Ja, das ist eine gute Idee. Ich habe mir die Website notiert. Lass uns schlafen gehen. Wir schauen uns das morgen an.«

Themen durch Fühlen lösen

*L*inea war noch eine Weile liegen geblieben und ließ das von ihrem Großvater Erzählte sacken, bevor sie sich irgendwann ebenfalls aufsetzte und in Richtung der Berge schwebte. Sie ließ ihren Blick über die mächtigen Naturlandschaften schweifen und genoss die herrliche Ruhe. Ein innerer Frieden war in ihr, aber das konnte sie nicht wahrnehmen, weil sie ihn ja immerwährend in sich trug. Sie sah die Sonne hinter einem der Gipfel aufgehen und blickte in wunderschönes, gelb-rosafarbenes Licht. Fasziniert von dem Farbenspiel setzte sie sich auf ein Plateau und lenkte ihren Blick nach einer Weile wieder auf die Stadt, in der Susann lebte. Dort sah sie in trübe Gesichter, die von Masken verhüllt waren. Das hatte sie bis vor einem Dreivierteljahr in dieser Gegend noch nicht gesehen, sie kannte es bisher nur aus anderen Ländern. »Es ist offensichtlich«, murmelte sie, »dass es ihnen mit diesen Masken nicht gut geht. Aber warum tragen sie die dann? Und weshalb belastet es sie überhaupt?«

»Hallo, mein Engel«, hörte sie einen kurzen Moment später ihren Großvater sagen. Suchend sah sie sich um, und als er auf einmal neben sie trat, sah sie, dass er lächelte. »Das ist wie immer eine gute Frage, mein schlaues Mädchen«, sagte er und sah ihr liebevoll in die Augen. »Das menschliche Gehirn kann ohne Sauerstoff nicht gut atmen. Ist schon ein bisschen verrückt, was die da machen.« Er schmunzelte. »Bei einem Ansaugstutzen würden sie das garantiert nicht machen, oder ein Auspuffrohr, das würden sie auch nicht zustopfen.« Seine Miene wurde ernst. »Diese Maske ist für die Bevölkerung innerlich eher wie ein ›Du hast hier nichts zu sagen‹. Und das verbinden sie mit Erfahrungen aus früherer Zeit, eventuell schon aus ihrer Kindheit. Vielleicht haben sie damals Sätze gehört wie: ›Solange du deine Füße unter meinen Tisch stellst, hast du zu tun, was ich sage!‹ So etwas löst alte Emotionen und Reaktionsmuster in ihnen aus. Vielleicht war es der eigene Vater, der diese oder ähnliche Worte zu ihnen gesagt hat. Und interessanterweise heißt es bei denen auch ›Vater Staat‹.« Der Alte vergewisserte sich, dass seine Schülerin seinen Worten lauschte, und fuhr dann fort: »Wie du weißt, ist alles, was den Menschen auf der Erde passiert, da, damit sie daraus lernen. Ihre Gefühle spiegeln immer nur ihren inneren Zustand wider. Die Menschen tragen alte Muster in sich. Und in Krisenzeiten – auch in dieser besonderen, die sie ›Corona-Pandemie‹ nennen – sagen einige weise Menschen: ›Gott sei Dank, weil alles Alte und Vergrabene in uns hochkommen und aufgelöst werden darf.‹ Beispielsweise Reaktions- und Verhaltensmuster, die zum Teil über viele Generationen weitergetragen wurden. Zuvor haben sie alles unbewusst an ihre Kinder weitergegeben. Die Päckchen, die ihre Eltern getragen haben und die von ihnen nicht aufgelöst wurden, haben sie einfach übernommen und schließlich an ihre eigenen Kinder weitergegeben.«

Linea sah ihren Großvater interessiert an. Sie nahm jedes seiner Worte auf, ja, sie saugte sie förmlich in sich hinein.

»Geht das immer so weiter, Bubschen, oder schaffen sie es irgendwann, diese Altlasten aufzulösen?«, erkundigte sie sich.

»Weißt du, meine Kleine, gerade in diesem und im nächsten Jahr, in denen sich die gesamte Frequenz auf der Erde erhöht, haben sie alle die Chance, diese alten Muster für sich und sämtliche nachfolgenden Generationen aufzulösen. Die Erde selbst hat ja ihre Energie bereits erhöht. Derzeit treten bei allen Menschen – wirklich bei allen – die alten, offenen Themen an die Oberfläche. Aber gerade das ist ja das Tolle und vor allem Einmalige in dieser Zeit. Eine solche Zeit gab es nämlich noch nie, in der der Mensch die Möglichkeit hat, seine Frequenz zu erhöhen, und das auch noch zusammen mit seinem Körper. Nein, das gab es noch nie.«

»Aber wie können sie das machen? Wenn ich zum Beispiel diese beiden da unten sehe ...« Linea zeigte auf eine Großstadt, in der auf einem Parkplatz gerade zwei Autos zusammengestoßen waren. Die Insassen stiegen aus, fluchten lauthals und beschimpften sich gegenseitig.

»Das ist ein gutes Beispiel, Süße. Die beiden, sowohl der Mann als auch die Frau, befinden sich gerade in einem typischen Handlungsautomatismus. Ihre Emotionen kochen über. Sie reagieren aus dem Affekt. Dabei zeigen sie ihr wahres Gesicht, da hilft auch keine Maske. In einem solchen Moment treten der eigentliche Kern und das Wesen dieser Menschen an die Oberfläche.« Er holte kurz Luft und sagte: »Um auf deine Frage zurückzukommen, was sie tun können: Eigentlich ist das ganz einfach – theoretisch.« Er zwinkerte seiner Schülerin zu. »Sie müssten sich nur einmal zurücklehnen, sich bewusst machen, was sie gefühlt haben, und dann überlegen, wann und wo sie das gleiche Gefühl schon einmal hatten.« Nach ein paar Atemzügen fuhr er fort: »Die Menschen unterscheiden zwischen Emotionen und Gefühlen. Emotionen äußern sich ungezügelt, zum Beispiel Wut und Trauer, während Fühlen einfach nur ein Wahrnehmen ist. Und wenn sie nun erkennen, wann und in welcher Situation sie das erste Mal auf diese Weise gefühlt haben, erkennen sie ganz schnell, dass es nichts mit der aktuellen Situation zu tun hat, warum sie gerade so fühlen, wie sie fühlen, sondern dass es ein altes Reaktionsmuster ist. Um es aufzulösen, brauchen sie sich nur noch einmal gedanklich in diese alte Situation zu begeben und ein weiteres Mal hineinzufühlen. Sie brauchen jetzt, Jahre später, nur noch einmal dieses Gefühl wahrzunehmen. Und wenn es durch eine andere Person, wie beispielsweise den Vater, ausgelöst wurde, dann dürfen sie sich auch einfach einmal in das Gefühl des Vaters hineinfühlen. Dann wird ihnen nämlich bewusst, dass sie verstehen. Sie registrieren, dass es nur eine Übernahme einer alten Geschichte in die jetzige Situation ist. Sie müssen nur noch einmal dort hineinfühlen, und schon löst sich die Wut auf. Einfach so, nur durch das Bewusstwerden und das Hineinfühlen. Und am Ende stellen sie fest, dass sie dem Unfall dankbar sein können, dass sie durch ihn diese alten Emotions- und Reaktionsmuster auflösen konnten.«

»Das klingt total einfach, Opi«, warf Linea ein.

Der Alte nickte. »Ganz genau, es ist auch total einfach. Aber die Menschen glauben immer noch so oft, dass das Leben schwer und kompliziert sein muss.«

»Wow, sehr spannend!« Linea war begeistert. »Und wie cool ist das denn, dass sie das jetzt in diesem Jahr alles auflösen können. Dass nun alles getriggert und zur Auflösung vorbereitet wird.«

»Genau, Süße, deshalb ist diese Zeit, die die Menschen als ›Krise‹ bezeichnen, eigentlich ein Geschenk – ein Geschenk zur schnellen, positiven Veränderung. Aber es wird noch ein paar Tage dauern, bis jeder von ihnen es versteht. Vielleicht bekommen es auch nicht alle hin. Aber das Gute ist: Für diejenigen, denen es zu anstrengend wird, haben wir ein Tor aufgemacht. Eines, durch das sie jederzeit nach Hause kommen können. Jeder von ihnen entscheidet selbst, ob er die Planetenveränderung als Mensch miterleben oder wieder heimkommen möchte.«

»Das wäre doch schade, wenn sie zurückkämen, ohne dieses wunderbare und außergewöhnliche Ereignis als Mensch mitzuerleben. Aber vielleicht hast du recht, Bubschen. Dem einen oder anderen, so scheint es, ist es vielleicht tatsächlich alles zu anstrengend. Wir werden sehen, wer wann durch das Tor kommt. Freuen wir uns einfach auf jeden, egal, wann er durch das Tor geht und was er bis dahin aufgelöst haben sollte.« Linea war ganz euphorisch und in ihrem Großvater keimte Stolz auf. Seine Enkelin war wirklich sehr lernfähig und voller Liebe.

»Also, ihr da unten ...«, begann Linea mit Blick hinunter zur Erde, als könnten die Menschen sie hören. »Also macht euch einfach nur alles bewusst und fühlt hinein. Sowohl in euer eigenes Gefühl als auch in das von der Person, die es ursprünglich in euch ausgelöst hat. Und ihr seid schon jetzt meine Helden.« Die letzten Worte sprudelten nur so aus ihr heraus und sie lachte. In einem Moment der Stille nahmen die beiden einfach nur wahr, was auf der Erde gerade vor sich ging. Plötzlich hielt Linea inne und betrachtete eine Gruppe Eltern, die aufgeregt diskutierte, weil sie ihre Kinder nicht mehr in die Schule schicken wollten.

»Das ist auch so ein typisches Beispiel«, sagte der Groß-vater, der Lineas Blick und ihren Gedanken gefolgt war. »Alles das, worüber sie sich jetzt aufregen, war auch schon immer da. Sie wussten bereits so lange, dass das alte Schulsystem nicht mehr passte. Vielen von ihnen ist seit Jahren bewusst, dass dieses System den Kindern die Individualität nimmt. Und nun gibt es ihnen die Chance zur Veränderung, zum Neuen, wie in diesem Beispiel die Veränderung des Schul-systems. Schau, meine Kleine, überall gibt es die große Mög-lichkeit der Erneuerung. Das Alte darf gehen, damit Neues entstehen kann. Ob es die Umverteilung von Gut und Geld ist, die Veränderung im medizinischen System von Symp-tombehandlung zur Ursachenbehandlung – die Betonung liegt auf ›Behandlung‹, ›Hand‹ –, jeder Mensch darf indivi-duell seinen Platz im großen Puzzle des Lebens einnehmen. Bewertungen wie ›Wer oder was ist mehr oder weniger wert?‹ dürfen wegfallen. Vielleicht erfahren die Menschen ja sogar die Anerkennung von Musik als Unterstützung der Heilung. Alles darf gleichwertig werden. Tätigkeiten können unter anderem ebenso gleichwertig werden, ob Reinigungs-kraft, Rechtsanwalt, Arzt, Schriftsteller oder Politiker.«

Linea lehnte sich an einen Felsvorsprung und überlegte. Dann drängte auf einmal eine Frage aus ihr heraus, die sie schon den ganzen Morgen über hatte stellen wollen, nur hatte es bisher nicht gepasst: »Opi, ich darf ja auch bald ein Engel sein. Aber neulich hörte ich das Wort ›Arschengel‹. Was genau ist das?«

Der Großvater fing lauthals an zu lachen und konnte gar nicht mehr damit aufhören. Als er sich nach einer Weile wie-der beruhigt hatte, meinte er: »Das übernehmen die Men-schen selbst. Es sind wohl die Politiker und einige wenige angebliche Wissenschaftler, die diese Rolle gerade übernehmen. Aber das erkläre ich dir ein anderes Mal. Lass uns noch ein wenig ausruhen, bevor wir nachher weitermachen. Ein alter Mann wie ich braucht eine Pause, auch wenn es mir wie immer sehr viel Spaß macht, mit dir über die Menschen zu philosophieren.«

Bevor er ging, drehte er sich noch einmal um, weil ihm doch noch etwas einfiel, was er ergänzen wollte. »Eines ist aber den Menschen anzuraten. Wenn die Leute in die Erkenntnis kommen, wenn sie in diese Gefühle reingehen, um sie aufzulösen, dann sollten sie es erst einmal für sich allein tun. Sie verarbeiten und festigen. Wenn sie gleich zu Beginn andere mit einbeziehen, würden diese ihnen die Erkenntnis und all jenes, was ihnen bewusst geworden ist, unter Umständen nur zerreden. Denn manchmal wollen sie dich lieber so haben, wie du vor diesem Bewusstwerden warst. Sie kennen das aber auch schon aus ihrer Bibel, dass Jesus den Geheilten – dem vorher Blinden zum Beispiel – sagte: ›Sage es nicht gleich weiter. Die anderen brauchen vielleicht noch jemanden, dem sie Almosen geben können.‹ Aber dann, nach einer kurzen Zeit, sind sie stark und gefestigt und können zu ihrem neuen Bewusstsein stehen und glücklich sein. Das nur am Rande, meine liebe Linea.« Der Alte winkte seiner Schülerin zu und ging.

»Bis nachher, Bubschen, ich warte hier auf dich!«, rief Linea ihm hinterher. Sie ging ein paar Schritte, legte sich, die Beine übereinandergeschlagen, auf eine Wiese und grübelte: *Also Gefühle darf man zeigen, eine Maske ist daher nicht notwendig.* Dann dachte sie weiter nach und sagte leise vor sich hin: »Und Emotionen sind Reaktionen auf Situationen, wie zum Beispiel Wut. Sie versuchen das wirkliche innere

Muster, das getriggert wurde, zu vertuschen. Hm, warum dann nicht gleich Gefühle rauslassen? Und einfach wahrnehmen? Verstehe da jemand die Menschen. Das sind schon merkwürdige, beinahe komische Wesen.« Sie sinnierte noch einen Moment und dachte abschließend: *Aber es ist doch echt cool, dass sie jetzt die Dankbarkeit fühlen dürfen. Dass sie dankbar sein dürfen, dass jetzt im Außen all das passiert, was ihre inneren Themen anstupst, sodass sie sie einfach wahrnehmen, reinfühlen und auflösen können. Echt cool! Was für eine spannende und außergewöhnliche Zeit das ist!*

Mit Freunden schafft man alles

Am Morgen ging Susann in die Küche und schlug als eine der ersten Handlungen ihren Wandkalender um. Er zeigte jeden Tag ein wunderschönes Bild mit einem Impuls. Heute stand darauf: »Wem du die Schuld gibst, dem gibst du die Macht.«

Ja, das stimmt, dachte sie und ging kurz in sich, bevor sie das Wasser für den Tee aufsetzte. Christian war bereits früh gegangen und sie ließ es heute langsam angehen.

Sie schaltete das Radio ein und hörte wie bei einer Pressekonferenz auf die Frage: »Warum holen Sie keine Gegenmeinungen anderer Experten ein, um sich ein besseres Bild über die Lage in der Krise zu machen?« eine ihr bekannte Frauenstimme antworten: »Ich treffe hier politische Entscheidungen und keine wissenschaftlichen.« Sofort schaltete sie das Radio wieder aus. Sie wollte so etwas im Moment nicht hören, weil es nur wieder ihre Angst hervorlocken würde. *Das kann doch alles nicht wahr sein!*, dachte sie und beschloss, sich für den Rest des Tages abzulenken. Als sie eine Tasse aus dem Schrank nahm, fiel ihr wieder ein, dass Christian von einem Haus der Begegnung gesprochen hatte, und sie nahm sich vor, nachher mal zu recherchieren. Der Gedanke daran befeuerte ihr Interesse. Sie war neugierig geworden. So oft hatte sie in den letzten Jahren darüber nachgedacht, ein Haus der Begegnung erschaffen zu wollen. Doch immer wieder hatte sie den Gedanken am Ende verworfen, weil es für einen oder zwei allein ein zu großes Projekt war.

Sie bereitete sich ein frisches Obst-Joghurt-Müsli zu, setzte sich damit an den Esstisch und genoss es zusammen mit dem Tee.

Anschließend fuhr sie in den Laden, in dem sie heute zusammen mit Sandra die Bestellungen fertig machen wollte. Malina hatte frei, um sich um ihre Tochter und das Homeschooling zu kümmern. Während sie am Packen waren, unterhielten sich Sandra und Susann über den Vortrag am vergangenen Abend. Die Worte der Rednerin hatten Sandra offenbar auch noch den restlichen Abend beschäftigt. Sie kamen gut voran, sodass sie sogar eine halbe Stunde früher als geplant loskamen, um die Ware auszuliefern. Als sie sich voneinander verabschiedeten, sagte Sandra: »Danke, dass ich bei dir arbeiten darf, Susann! Ich weiß es sehr zu schätzen, auch dass du uns jetzt in dieser besonderen Zeit nicht im Stich lässt und uns nicht einfach kündigst. Schön, dass wir den Frieden hier leben, und ich hoffe, dass der ganze Spuk mit dem Virus und dem Lockdown bald ein Ende haben wird.«

Susann freute sich über die anerkennenden und liebevollen Worte ihrer Freundin und nahm sie spontan in den Arm. Ohne an den Abstandserlass zu denken, erwiderte Sandra die Umarmung. Es tat beiden gut, sich für eine Weile in den Armen zu halten, so wie sie es früher öfter getan hatten. »Alles wird gut«, flüsterte Susann ihrer Freundin ins Ohr. »Wir schaffen das! Du weißt doch, warum es ›Freundschaft‹ heißt. Weil man mit Freunden alles schafft. Gemeinsam sind wir stark!« Sie drückte Sandra einen leichten Kuss auf die Wange. Dann machten sich die beiden auf den Weg, die Kunden zu beliefern.

Nachdem das letzte Paket ausgehändigt war, hielt Susann bei Oma Linda an. Auf dem Weg dorthin war sie bei ihrer Freundin Jessi gewesen, die den örtlichen Blumenladen betrieb. Jessi hielt sich ebenfalls mit dem neuartigen System »Click and Collect« über Wasser. Da Susanns Oma Blumen liebte, hatte sie sich von Jessi einen hübschen Strauß binden lassen.

Oma Linda freute sich über den Besuch genauso wie über die Blumen. »Möchtest du auch einen Tee trinken?«, fragte sie Susann. »Und dazu ein Stück Baumkuchen oder ein paar Zimtsterne? Ich wollte mir gerade etwas fertig machen.«

Susann nickte, während sie den Duft von frisch gebackenen Keksen in sich einsog, und ließ sich von Oma Linda erzählen, wie ihr Tag verlaufen war. Man hätte denken können, dass es bei einer über Achtzigjährigen nicht viel zu erzählen gab, doch bei Oma Linda war das anders. Selbst jetzt ließ sie sich trotz der Erlasse der Regierung nicht davon abhalten, ihr Leben zu genießen. Am Morgen war sie mit einer Freundin durch den Wald spaziert und anschließend hatten sie bei einer Tasse Tee zusammengesessen und geklönt. Und viel gelacht, wie Susann erfuhr. Sie hatten sich Witze und Anekdoten aus alten Zeiten in Erinnerung gerufen, bis sie irgendwann spontan entschlossen hatten, Kekse zu backen.

Oma Linda erzählte, dass sie sich vorgenommen hatte, all ihren Geschwistern, Nichten, Neffen, Enkeln und Freunden Weihnachtsbriefe zu schreiben.

»Oma, ich ziehe immer wieder den Hut vor dir«, schwärmte Susann. »Du lässt dich auch von nichts kleinkriegen. Ich bewundere dich für deine gute Laune, deinen Enthusiasmus und diese unglaubliche Lebensfreude. Und was du alles so machst und anstellst!« Sie sah ihrer Großmutter liebevoll in die Augen.

»Ich bin ja wohl noch zu jung, um einzurosten«, erwiderte Oma Linda betont empört und lächelte. »Das Leben hat noch so viel Schönes zu bieten. Apropos Leben: Ich habe neue Saat für Gemüse und Kräuter. Hast du Lust, die Ersten im nächsten Monat mit mir im Haus vorzuziehen? Ich würde mich freuen, wenn wir das gemeinsam machen. Du hast doch auch die große Fensterbank bei dir in der Küche. Wir könnten es aufteilen. Was meinst du?«

Ein Strahlen huschte über Susanns Gesicht. »Sehr gerne! Ich wollte dich sowieso fragen, ob du mir etwas über Gemüse-aufzucht erzählen kannst. Ich habe neulich schon mit Christian gesprochen. Wir würden gerne eigene Tomaten, Zucchini und Gurken aufziehen.« Während sie ihren Tee tranken und das leckere Gebäck naschten, vertieften sich die beiden in ein angeregtes Gespräch über Saat und Pflanzen bis hin zu gesunder Ernährung.

»Mädchen, ich freue mich über deine Wissbegier für alles Natürliche und vor allem, dass du in die Freude und Fröhlichkeit gehst. Das ist in diesen Tagen nicht selbstverständlich. Wir lassen uns von diesem Orkan und den Ereignissen da draußen nicht davon abhalten, fröhlich zu sein, oder? Außen kann uns alles genommen werden, das habe ich früh lernen müssen, aber die Freude im Inneren nicht, denn die Gedanken sind frei. Schön, dass du da bist, Kleines.« Oma Lindas überraschender Gefühlsausbruch wurde von einer Freudenträne begleitet. Sie stand auf und nahm ihre Enkelin spontan in den Arm. Während beide in dieser Situation verharrten, sagte sie: »Shit auf Corona! Wenn ich sterben soll, dann sterbe ich sowieso. Die Natur geht eh ihren eigenen Weg. Lass dich bitte von nichts und niemandem davon abhalten, dein Leben zu genießen. Jeder Tag ist Gold wert. So eine alte Dame ...« Sie grinste. »So eine alte Frau wie ich weiß, wovon sie spricht.« Dann erst ließ sie von Susann ab und nahm wieder Platz.

»Weißt du, Susann, meine Freundin Carla lässt sich von diesem ganzen Getue da draußen völlig verängstigen. Das ist nicht leicht, mit anzusehen. Aber ich sage ja immer: Willst du depressiv sein, dann geh mit deinen Gedanken in die negative Vergangenheit, und willst du in die Angst gehen, male dir die Zukunft in den schlimmsten Farben aus. Funktioniert beides.« Nach einer kurzen Pause fügte sie mit fester Stimme hinzu: »Aber nicht mit mir! Ich bleibe im Jetzt und Hier und genieße, so wie in diesem Augenblick, die Zeit mit dir und die leckeren Kekse. Shit auf Cholesterin, das Leben ist schließlich da, um es zu genießen!« Während sie das sagte, griff sie demonstrativ in die Gebäckschale und genoss einen weiteren Keks.

»Omi, ich hab dich einfach lieb, bitte bleib immer so, wie du bist!« Susann war gerührt und schenkte Oma Linda ein warmes Lächeln. Dann erzählte sie noch von dem gestrigen Vortrag, ein paar Geschichten aus dem Laden und dass es wohl ein Haus der Begegnung geben solle, über das sie sich am Abend mit Christian informieren wolle.

Nach einer Weile fragte Susann aber doch noch mal nach: »Was ist denn nun mit Carla? Ich habe sie lange nicht mehr bei dir angetroffen. Geht es ihr nicht gut?« Susann kannte Carla schon lange, weil Oma Linda seit Ewigkeiten mit ihr befreundet war und die beiden immer viel zusammen unternommen hatten.

»Ach, Schnuggel.« So hatte Susanns Oma sie schon als Kind genannt und sie hatte es bis heute beibehalten. »Die Carla versteht einfach nicht, dass es sich nicht lohnt, sich zu ärgern. Sie regt sich über andere auf und wundert sich, dass sie von einigen nicht gemocht wird. Ob sie irgendwann kapiert, dass, wenn man ›Scheiße, Scheiße, Scheiße‹ in den Wald hineinruft, nicht ›Ich habe dich lieb‹ als Echo herausschallt?«, echauffierte sie sich halb ernst und halb lachend.

Eine kurze Pause entstand, in der keiner von beiden etwas sagte. Dann sprach Oma Linda weiter: »Genauso versteht sie nicht, dass ich hier und da etwas spende oder bei der Tafel mithelfe. Sie wird wohl in diesem Leben nicht mehr verstehen, dass, wenn sie gibt, es die Saat von mehr davon ist. Aber Schnuggel, sie ist, wie sie ist, und wir müssen sie nicht ändern. Sie ist trotzdem meine liebe Freundin.« Lächelnd goss sie Susann noch etwas Tee nach.

So saßen die beiden fast zwei Stunden zusammen, bis Susann den Heimweg antrat.

Der Glaube versetzt Berge

*L*inea lag nun schon seit Stunden auf der Wiese, aber ihr wurde nicht langweilig. Immer wieder gingen ihr die Worte ihres Großvaters durch den Kopf und sie überlegte hier und da. Zwischendurch schloss sie die Augen und horchte in sich hinein. So verbrachte sie ganz entspannt und in sich gekehrt ihre Zeit.

Plötzlich kam ihr wieder das Thema Wünsche in den Sinn. Sie hatte schon so vieles erfahren, was sich die Menschen wünschten, unzählige Geschichten gesehen, in denen sich Menschen über die Wunscherfüllung freuten, aber auch andere, die völlig erbost über die Erfüllung waren. Bei manchen konnte sie sich keinen Reim darauf machen, warum diese so reagiert hatten. Sie erinnerte sich an die beiden Hinweise ihres Großvaters und warum sich Susanns Wunsch auf dem Friedhof zwar erfüllt, aber auch wiederum nicht erfüllt hatte. Jedenfalls nicht, wie es ihrer Vorstellung entsprach.

Es war nicht mehr lange hin, bis sie ihr Himmelsabitur erreichen würde, aber das war sicher ein Thema, das sie mit ihrem Opa vertiefen wollte. *Was gibt es noch für diese Zeit auf der Erde zu beachten, außer dass der menschliche Körper in Bildern denkt und man nicht »Ich möchte« oder »Ich will« wünschen sollte?*

Im selben Moment vernahm sie ein Räuspern hinter sich. Diese Energie war sicher und verlässlich. Kaum hatte sie eine Frage zu Ende gedacht, da war auch schon der Lösungsweg da. Linea lachte laut auf, denn ihr offenbarte sich die Lösung sehr oft durch ihren Großvater, zumal der stets die richtige und passende Antwort für sie bereithielt.

»Du bist schon wieder fleißig am Entwickeln und Lernen?«, fragte er, meinte es jedoch rein rhetorisch, weshalb er gleich weitersprach. »Was möchtest du denn noch über das Resonanzgesetz oder das Erdenwünschen wissen?«

»Na alles, Opi! Jedes kleine Detail. Schließlich mache ich bald mein Himmelsabitur, und dann möchte ich doch fit sein und alles gut machen.«

»Aber wo soll ich anfangen?« Der Alte hob seinen Blick in den Himmel und fuhr an sich selbst gerichtet fort: »Es ist nicht viel, aber alles auf einmal wäre auch nicht gut. Also, dazu gehen wir noch mal zurück zu der Sache mit der Zeitlinie. Du erinnerst dich an dieses Menschending mit Vergangenheit und Zukunft und so?« Mit seiner Frage wollte er seine Schülerin testen.

»Klaro, das hast du mir schon erklärt! Dieses Konstrukt von ›gestern, heute und morgen‹. Das habe ich verstanden. Aber was hat das mit dem Wünschen zu tun?«

»Na ja, du musst wissen, dass die Erdenbürger sich das auch in die Sprache hineinkonstruiert haben. So heißt es beispielsweise ›Ich habe …‹, ›Ich hatte …‹ oder ›Ich werde … haben‹. Und meistens sagen oder denken sie dann: ›Ich werde ein Auto haben.‹ Das liegt daran, dass sie glauben, zurzeit keines zu besitzen und es somit erst in ihrer sogenannten Zukunft zu bekommen.«

»Aber sie haben doch alles in sich, was sie brauchen!«, warf Linea ein.

»Das weißt du, aber der Großteil der Menschen auf diesem Planeten weiß das noch nicht. Du erinnerst dich, sie haben doch vergessen. Somit entsteht ein Gefühl des Mangels. Dabei müssten sie nur sagen, glauben und davon überzeugt sein: »Ich habe ein Auto«, und schon wäre es da. Aber da kommt wieder dieser Verstand ins Spiel. Dieser, du erinnerst dich, der ja nur weiß, was man ihm antrainiert oder ihm gezeigt hat. Mehr kennt er nicht und somit ist er davon überzeugt, dass es auch nicht mehr gibt. Die Menschen müssen sich also erst wieder erinnern und glauben, dass alles bereits vorhanden ist, und sagen: »Ich habe ein Auto«, und schwups, Simsalabim, ist das Auto für sie sichtbar. Sie müssen ihre Affirmationen einfach in der Gegenwartsform, wie sie es nennen, sprechen oder denken.«

Darüber musste Linea einen kleinen Moment nachdenken. »Wieder so etwas, mit dem die Seelen es sich so schwer machen, wenn sie da unten sind«, sagte sie nach einer Weile. »Das geht doch auch einfacher. Aber ich merke mir das jetzt und mache das bestimmt besser, wenn es so weit sein sollte.« Sie grinste ihren Lehrer von der Seite an.

Der Alte lachte kurz auf und erwiderte: »Ja, das wirst du, wir werden es sehen.«

»Hast du einen Tipp, was sonst noch hilft?« Linea reichte das Gelernte noch nicht. Sie wollte mehr erfahren, denn sie ahnte, dass es viele weitere wertvolle Aspekte zu erfahren gab.

»Okay, okay, dann verrate ich dir den Turbo des Wünschens. Das ist die Dankbarkeit. Dankbarkeit ist auch ein Untergefühl der Liebe. Ich hatte dir ja schon verraten, dass die Menschen sich ganz viele untergeordnete Begriffe für die Liebe ausgedacht haben, damit sie sie besser unterscheiden können. Und eines ist eben die Dankbarkeit. Mit ihr drücken sie aus, wie froh sie über einen Umstand, eine Situation oder ein Gefühl sind, und vor allem ist es eine Bestätigung, dass es wirklich da ist. Beziehungsweise dass sie glauben, dass es vorhanden ist. Nehmen wir die Situation mit dem Auto. Der Mensch könnte sich sagen: »Danke, dass ich ein Auto habe.« Allerdings muss er seinen Verstand mit ins Boot holen und daran glauben, dass alles vorhanden ist, es also auch auf der Erde nicht wirklich einen Mangel gibt.«

»Klingt für mich ganz logisch, Bubschen, und wieder mal recht easy. Aber ich merke schon, dass es im Körper eines Menschen offenbar nicht so leicht ist, wie es aussieht. Gibt es eine Hilfestellung oder eine Empfehlung, wie man es anstellt, dass der Verstand mit im Spiel ist?« Linea wusste, dass sie jetzt eine Antwort erhalten würde, denn sie hatte ja gelernt: Wenn es eine Frage gibt, dann gibt es auch eine Antwort. Es würde eine Frage nämlich nicht geben, wenn es keine Antwort dazu gäbe. Das war eine der Erkenntnisse aus dem Grundlagenworkshop der Himmelsschule, und ihr Großvater hatte ja auch schon darüber gesprochen.

»Klar, die Menschen sind doch kreativ. Sie machen sich die Gegebenheit der Wiederholung auch in diesem Falle zunutze. Sie wiederholen es einfach für einundzwanzig Tage ganz intensiv und in entspannter Stimmung oder Atmosphäre, und dann glaubt es auch der Verstand. Der lernt nämlich ebenfalls gerne dazu, um seine Wissensbibliothek zu erweitern.«

Es entstand eine kurze Pause, dann ergänzte der Alte: »Ab und zu machen sie es auch schrittweise. Das funktioniert ebenfalls.«

»Oh, da fällt mir etwas ein«, warf Linea ein und ihr Großvater hielt inne, um ihr zuzuhören. »Neulich war da so ein junger Mann, der wollte in einem Jahr fünfzigtausend Dollar zusammengespart haben, um einmal um die Welt reisen zu können. Das war sein größter Traum. Ein Jahr lang wollte er quer über die Kontinente reisen und andere Bräuche und Lebensweisen erforschen. Ich hörte, wie er abends im Bett lag und vor sich hin brabbelte: ›Das schaffe ich nie! Wie soll ich bei meinem Job so viel zusammenbekommen?‹ Zunächst war er verzweifelt, doch dann wurde er auf ein Video eines Inspirators aufmerksam. Nachdem er es sich angesehen hatte, nahm er sich ein leeres Heft und schrieb auf die erste Seite: ›Innerhalb eines Monats habe ich tausend Dollar gespart.‹ Das konnte er sich vorstellen. Und weißt du was, Opi? Er hat es tatsächlich geschafft! Wie durch einen Zufall, wie sie es da unten nennen, erhielt er einen besonderen Auftrag, durch den er einen Extragewinn erzielte. Er war so überrascht und schrieb, davon motiviert, im nächsten Monat auf die zweite Seite: »Ich habe innerhalb eines Monats zusätzlich zweitausend Dollar gespart.« Es ist unglaublich, aber am Ende des zweiten Monats hatte er tatsächlich dreitausend Dollar zusammen, von denen er nie zuvor zu träumen gewagt hätte. Dann wurde er mutiger und wiederholte auf der dritten Seite seinen Satz mit einer noch höheren Summe. Nach einem Jahr hatte er das Geld zusammen – über fünfzigtausend Dollar, Bubschen! Er kündigte seine Arbeit und reiste ein Jahr lang durch die Welt. Es war sehr berührend zu erleben, wie er es genoss.« Lineas Stimme überschlug sich fast, so fasziniert war sie von der Geschichte. Ihr war anzusehen, wie sehr sie sich noch immer mit dem jungen Mann freute. Ihr Gesicht strahlte fast so hell wie die Sonne im Sommer.

»Tja, was soll ich sagen?« Der Großvater lächelte. »Dann kennst du ja schon so viel! Zeit, mal wieder eine Pause zu machen, damit du das Gelernte in dir wirken lassen kannst. Ich bin so stolz auf dich, mein Engel.« Er umschlang die Kleine, und wer genau hinsah, bemerkte, dass der Himmel zu leuchten begann.

Projekte der neuen Zukunft

Am frühen Abend saß Susann mit Christian auf dem Sofa und sie unterhielten sich. Im Kamin brannte ein gemütliches Feuer und das Flackern einiger Kerzen sorgte für eine heimelige Atmosphäre. Irgendwann kamen sie auf das Thema »Haus der Begegnung« zu sprechen. Christian suchte den Link heraus und sie informierten sich über ein Projekt, das an ihrem Ort gerade im Entstehen begriffen war. Drei Frauen hatten sich zusammengetan und suchten Menschen, die Lust hatten, sich an ihrem Projekt zu beteiligen. Ihre Vision war es, ein Haus zu schaffen, in dem kulturelle, sportliche und künstlerische Abende stattfinden sollten. Einen Ort, an dem sich Menschen treffen konnten, um sich im Positiven auszutauschen. Leitthema der drei war: »Jammern und Nörgeln bleiben vor der Tür, hier entsteht positiver Austausch.« Bei diesem Gemeinschaftsprojekt sollte es keinen Alkohol, keine Drogen oder Ähnliches geben. Ein paar Ideen waren bereits zusammengetragen worden, aber die Frauen baten um weitere Anregungen für ein gutes Miteinander und Füreinander. Es wurden noch weitere Gründungsmitglieder, Geldspenden, aber auch handwerkliche Hilfe benötigt. Hier sollte ein Gemeinschaftsprojekt möglichst vieler Menschen entstehen, die die gleiche Richtung verfolgten, so der Wunsch der Initiatorinnen. Projekte wie

Musikabende, Seelsorge, Yoga, Feldenkrais, Klangschalen-therapie, Lesungen, Kunstausstellungen sowie Malkurse und vieles mehr waren bereits eingeplant. Susann und Christian waren begeistert von dem, was bisher erreicht und umgesetzt worden war, und waren sich rasch einig, dass sie die Frauen kontaktieren und sich bei dem Projekt einbringen wollten. Unter anderem kam Christian auf die Idee, einen Holzschnitzworkshop für Groß und Klein zu veranstalten, Holz war schließlich seine Leidenschaft. Und er war davon überzeugt, dass es die Kreativität in vielen Menschen und ein Bewusstsein für die Natur wecken könnte. Das Projekt schien zurzeit aufgrund der Pandemie zwar zu stocken, aber trotzdem nicht stillzustehen.

Ohne lange zu überlegen, nahm Susann das Telefon zur Hand und rief unter einer der angegebenen Telefonnummern an. Als jemand den Hörer abnahm und sich meldete, stockte ihr kurz der Atem, und dann musste sie schmunzeln. Zunächst etwas sprachlos, begann sie zu stottern: »Lisa? Bist ... bist du das?« Christian bedachte sie mit einem irritierten Blick. Als sie am anderen Ende ein kurzes »Ja« vernahm, fasste sie sich und sagte: »Ich bin es, Susann. Ich wusste nicht ... äh, also, ach Menno, sorry! Christian und ich haben von eurem Projekt ›Haus der Begegnung‹ gehört und wollten uns informieren. Aber ich wusste ja nicht, dass du dahintersteckst.« Nun fing sie doch an zu lachen. »Ich bin Susann vom Geschenkeladen – du erinnerst dich?«

Am anderen Ende war ein herzliches Lachen zu hören. »Na klar erinnere ich mich! Schön, dass du anrufst. Ihr interessiert euch für unsere Idee?«

Susann stellte das Telefon auf Lautsprecher und begann zu erzählen, was sie an dem Projekt so faszinierte. Nach nicht einmal fünf Minuten fragte Lisa, ob sie nicht beide spontan vorbeikommen wollten. Das wäre doch viel netter. Dann würden sie und John ihnen mehr über ihre Ideen erzählen. Und so kam es, dass sich Susann kurzerhand mit Christian absprach und sie sich wenig später ins Auto setzten.

Bedingungslose Liebe

»*B*ubschen, wie viel darf ich noch lernen, um ausreichend auf das Himmelsabitur vorbereitet zu sein? Wann habe ich ausgelernt?«, wollte Linea wissen.

Ein lautes, aber herzliches Lachen ertönte. Erst nach einer ganzen Weile riss sich der Großvater zusammen, um seiner Schülerin liebevoll zu antworten. »Bald! Bald hast du alles Wissen für das Himmelsabitur zusammen. Aber ausgelernt, mein Schatz, wirst du nie haben. Die Wesen lassen sich immer wieder Neues einfallen, sodass es keinen einzigen Tag langweilig wird und es immer etwas zu studieren gibt.«

»Opi, würdest du mir noch mal etwas erklären?«, fragte Linea nach einer kleinen Weile des Nachdenkens und wartete gar nicht erst auf eine Reaktion ihres Großvaters. »Ich verstehe da etwas nicht. In einem Bäckerladen stand neulich ein Kunde und motzte eine der Verkäuferinnen an. Er sagte dabei solche Worte, von denen du meintest, dass es Beleidigungen wären. Oder wie nanntest du das noch? Na ja, jedenfalls war der so wütend und aufbrausend, weil es ihm wohl nicht schnell genug ging. Außerdem hatte er am Tag zuvor ein falsches Brötchen in der Tüte gehabt und das erst zu Hause bemerkt. Das hatte ihn aufgeregt.« Mit forschendem Blick sah sie ihren Großvater an und fuhr dann fort: »Ich weiß von dir, was das auf sich hat mit diesem Wütendsein und so, darüber haben wir schon gesprochen. Wut ist ein Untergefühl der Angst, richtig? Aber was mich beschäftigt, ist Folgendes: Die Verkäuferin war voll cool! Sie hörte, genau wie Susann neulich, dem Kunden aufmerksam zu und entschuldigte sich. Dabei blieb sie ganz ruhig. Doch das schien ihn noch mehr in Rage zu versetzen. Vor allem als die Frau hinterm Tresen am Ende in ruhigem Ton meinte: ›Ich entscheide selbst, wer mich beleidigt oder wütend macht. Und Sie, Herr Schmidt, sind nicht derjenige. Ich habe mich entschuldigt, Ihnen dafür heute zwei Brötchen extra eingepackt und wünsche Ihnen nun von Herzen einen wunderbaren Tag und ein schönes Frühstück.‹ Dann widmete sich die Frau der nächsten Kundin, während der Mann lautstark und stampfend den Laden verließ.« Linea sah ihrem Großvater in die Augen und schloss ihre Geschichte mit den Worten: »Opi, ich fand die Frau total klasse. Alles richtig gemacht, oder? Aber sag mal, warum konnte der Mann nicht mit einem Danke und einem Lächeln aus dem Laden gehen? Das verstehe ich nicht?«

Der Großvater erwiderte Lineas Blick und sah sie versonnen an, bevor er zu einer Erklärung ansetzte. »Manche Menschen haben nicht nur ein, sondern oft viele tief sitzende alte Erlebnisse in sich und ihrem Herzen vergraben. Vielleicht war es auch bei ihm so, und wenn er nun sieht, dass es anderen Menschen gut geht und sie trotz seiner Art freundlich und gelassen bleiben, dann fällt es ihm unter Umständen schwer, das auszuhalten. Vielleicht wünschte er sich, innerlich auch so ruhig zu sein. Dass die Frau ihm mit diesem Verhalten an seine eigenen Themen gebracht und sie getriggert hatte, war eventuell schwer für ihn auszuhalten. Mancher Mensch kompensiert mit Wut ein anderes Gefühl, zum Beispiel Trauer, weil dies leichter für ihn auszuhalten ist. Aber das ist jetzt ein sehr intensives Lehrfach, das wir uns noch mal genauer und tiefer anschauen werden. Versprochen!« Als er erkannte, dass Lineas Aufmerksamkeit noch lange nicht nachgelassen hatte, legte er nach: »Die Verkäuferin hat sich, wie es scheint, bereits sehr stark in der bedingungslosen Liebe geübt. Das bedeutet, sie konnte es aushalten, dass jemand ihre freundliche Art nicht erwiderte, während sie trotzdem in der Liebe blieb. Die Dame scheint schon etwas fortgeschrittener zu sein. Dafür muss sie aber unter Umständen auch aushalten, dass andere mit ihrer stets freundlichen und gut gelaunten Art nicht klarkommen und sich deswegen eventuell sogar abwenden. Aber wie gesagt: Dazu gehen wir zu einem späteren Zeitpunkt noch ins Detail.«

Was ihr Großvater gerade gesagt hatte, regte Linea zum Nachdenken an und es erinnerte sie an Susann. Deshalb schickte sie ihren Blick hinunter zur Erde, um zu sehen, wie es ihr gerade ging.

Neue Freunde

Als Susann und Christian bei den Hyedemanns ankamen, wurden sie herzlich begrüßt. »Vielen Dank für die Einladung«, sagte Susann und überreichte Lisa ein kleines Päckchen. Sie hatte ihr als Mitbringsel das Buch »Samira, die alte Frau mit dem roten Rucksack« eingepackt. Sie selbst liebte dieses Buch und wollte sich damit für die Einladung und die bisherige Gastfreundschaft bedanken. Das Buch war von der Frau, von der sie täglich die morgendlichen Impulse hörte – »Deine Mutmacherin«. Das Buch gab es inzwischen in einer Neuauflage mit dem Titel »Hamanyalas, Weisheiten des leichten Lebens«, aber sie hatte noch zwei Exemplare der Erstauflage zu Hause gehabt. Die beiden Bücher waren eigentlich als Weihnachtsgeschenk für Sandra und Malina gedacht gewesen, aber sie konnte diese ja in der Neuauflage in der Buchhandlung nachbestellen.

Als Susann und Christian eingetreten waren, kamen die beiden Jungen die Treppe heruntergeflitzt. Fast hätte der Ältere, der ihnen später als Jonas vorgestellt wurde, sie umgerannt. Joshua, der ihm gefolgt war, hielt auf der Treppe kurz inne und begrüßte sie mit »Hi, Susann!«. Dann lief er Jonas hinterher. Sie tobten um den Tisch in der Küche und dann in Richtung Diele. Hier war es eindeutig lauter als bei ihr zu Hause, stellte Susann fest. Aber es war ihr nicht unangenehm, denn sie liebte ja Kinder und besonders Kinderlachen.

In der Küche angekommen, wurden sie von John und einer weiteren Frau begrüßt.

»Das ist Jasemin«, stellte Lisa die Fremde vor. »Sie ist eine der Aktiven bei dem Projekt ›Haus der Begegnung‹ und ist gerade spontan vorbeigekommen. Das stört euch sicher nicht, oder? Passt doch mal wieder, so ein Zufall!« Sie lachte kurz auf, wartete ab, wie Susann und Christian reagierten, und bot ihnen schließlich einen Platz an. »Ich finde es klasse, dass ihr euch für die Idee interessiert. Möchtet ihr auch einen Tee?«

Als sie wenig später allen von dem dampfend heißen Getränk eingeschenkt hatte, meinte sie: »Aber nun möchte ich erst mal dein Geschenk auspacken, Susann. Ich habe heute gar nicht damit gerechnet, dass es für mich Bescherung gibt.« Sie schmunzelte. »Die Kids haben sich übrigens neulich sehr über die Schokolade gefreut. Es war das Highlight des Abends, als wir sie gemeinsam genossen. Wir haben sogar etwas abbekommen«, erzählte sie mit einem stolzen Strahlen im Gesicht und sah zu John hinüber.

Als Lisa das Buch ausgepackt und sich darüber sehr erfreut gezeigt hatte, entstand ein reger Austausch über das Projekt, während sie zu fünft um den großen Holztisch saßen. Alle waren sichtlich begeistert und eine Idee nach der anderen wurde geboren.

Jasemin hatte ein großes Buch vor sich liegen, in das sie Notizen schrieb. Susann konnte sehen, dass die vorderen Seiten bereits gut gefüllt waren. Jasemin erzählte von den bisher zusammengetragenen Ideen und wer sonst noch dabei sein wollte. Ein paar Namen kannten Susann und Christian vom Hörensagen. Die Dritte im Bunde derjenigen, die die Ursprungsidee gehabt hatten, war Sarina. Sie war erst kürzlich in den Ort gezogen und besaß ein größeres Gebäude mit einem weitläufigen Grundstück am Rande eines Waldes. Es war angedacht, dieses Gebäude für das Projekt zu nutzen. Susann erinnerte sich daran, dass es ihr bereits beim letzten Spaziergang um den See aufgefallen war. Es wirkte wie ein altes Herrenhaus. Während die fünf sich austauschten, hörte Susann immer wieder das Lachen und Johlen der Kinder. In dem Moment, als sie es bewusst wahrnahm, bemerkte sie, dass Christian sie mit einem vielsagenden Blick anlächelte. Sie spürte, dass er sich in dieser Runde ebenfalls sehr wohlfühlte, und warf ihm einen Luftkuss zu.

Plötzlich rief eine Kinderstimme, die aus der Diele zu kommen schien: »Nanana!« Und dann war Gesang zu vernehmen: »*Küssen verboten, Küssen verboten. Küssen verboten, streng verboten. Keiner, der mich je geseh'n hat, hätte das geglaubt: Küssen ist bei mir nicht erlaubt.*« Jonas sang nach der Melodie des bekannten Liedes der Prinzen.

Keiner hatte mehr ein Wort gesagt, und jetzt ging ein Lachen durch den Raum. Bis John kurz darauf das Schweigen brach und an Jonas gewandt sagte: »So, danke, mein Prinz. Jetzt dürft ihr aber mal langsam ein wenig ruhiger werden und euch nach oben aufmachen. Der Tag neigt sich dem Ende zu.«

Susann war sichtlich überrascht, als der Junge sofort einlenkte: »Aye, aye, Kapitän!«, erwiderte er und peste nach oben. Joshua, der hinter ihm gestanden hatte, folgte ihm wortlos.

»Wow, wie wohlerzogen die Kids sind!«, stellte Christian fest. »Daran sollten sich meine Neffen mal ein Beispiel nehmen. Ich beneide meinen Bruder nicht, der ständig mit seinen Kindern diskutiert.«

Susann war überrascht, dass ihr Freund sich derart öffnete. Sie kannte ihn bisher eher als sehr zurückhaltend gegenüber Menschen, denen er noch nie begegnet war.

»Das ist nicht immer so«, verriet Lisa und schmunzelte. »Manchmal können sie auch anstrengend sein, aber es sind halt Kinder. Besonders Jonas mit seiner Hyperaktivität fordert uns an so manchem Tag. Aber wir können da inzwischen gut mit umgehen, weil wir ja wissen, warum es so ist und was es bedeutet. Generell können wir uns nicht beklagen, die Kids sind fast immer bemüht. Doch zurück zu deiner Idee, Christian. Das hört sich sehr interessant an. Erzähl doch mal weiter!«

Christian trug vor, was ihm vorhin eingefallen war und wie er sich das vorstellte. Junge Menschen sollten wieder mehr mit den Händen machen, war sein Gedanke, und Holz, als Teil der Natur, würde ihre Kreativität fördern. Aber auch für Erwachsene konnte er sich das vorstellen. Er hatte unter anderem Holzschilder mit positiven Sprüchen im Sinn. Solche, wie er sie bereits entworfen und in Susanns Laden angeboten hatte.

Nach mehr als einer Stunde regen Austausches mit reichlich Lachen und guten Plänen meinte Lisa: »Habt ihr Hunger? Ich habe Rübenmus gekocht und das reicht für uns alle. Was meint ihr? Ihr seid herzlich eingeladen!«

Susann und Christian sahen sich fragend an. Dann meinte Christian: »Also ich habe nichts mehr vor. Und Rübenmus essen wir beide sehr gerne, oder, Susann?«

Nachdem Jasemin der Einladung ebenfalls zugestimmt hatte, stand Lisa auf, um den Topf aufzusetzen.

Wie praktisch, wenn man so eine große Küche hat, dachte Susann. Sie spürte, wie wohl sie sich fühlte, und ihr war, als würden sie die drei schon ewig kennen.

Nach nicht einmal einer halben Stunde saßen Susann und Christian in einer Truppe von fünf Erwachsenen und vier Kindern, die sie gerade erst kennengelernt hatten, fröhlich plaudernd am Tisch.

»Wir beten vor dem Essen«, erklärte Lisa. »Das ist sicher in Ordnung für euch, oder?« Während Susann und Christian nickten, wurde es still am Tisch. Auch die Kinder lauschten Johns Worten ruhig und andächtig. Selbst Jonas gab keinen Mucks von sich, wie Susann erfreut registrierte.

»Wir danken für Speis und Trank«, begann John in ruhigem Ton. »Mögen sie unsere Körper optimal versorgen. Alles, was wir essen, ist Licht und Liebe. Wir danken dafür, dass wir hier und heute mit netten, liebevollen Menschen am Tisch sitzen dürfen, sowie für konstruktive und segensreiche Gespräche. Wir bitten um Segen für unser Vorhaben sowie für alles, was wir neun tun und machen. Danke, dass wir alle beschützt und behütet sind. Amen.«

Ein leises, mehrstimmiges »Amen« folgte. Und dann wurde die Ruhe wieder von wildem Plappern und Geschirrklirren abgelöst.

Nach über zwei Stunden mit Lachen, Pläneschmieden und fröhlichem Austausch machten sich Christian und Susann auf den Heimweg. Aber nicht, ohne das Versprechen abgegeben zu haben, dass sie wiederkommen würden.

»Danke für den wunderbaren Abend und das leckere Essen. Wir haben uns bei euch sehr wohlgefühlt und freuen uns schon auf das Haus der Begegnung. Oder?« Susann sah ihren Freund fragend an, der zustimmend nickte.

»John, wir sehen uns am Wochenende und ich zeige dir die Werkstatt«, sagte Christian beim Abschied. Nachdem der Angesprochene zugestimmt hatte, verabschiedeten sie sich endgültig und verließen zusammen mit Jasemin das Haus.

»Was für ein schöner Abend!«, schwärmte Susann, während sie und Christian nach Hause fuhren.

»Finde ich auch. Was für nette, sympathische Menschen! Ich glaube, die werden wir noch öfter treffen. Ich hoffe es zumindest.«

Susann freute sich, ihren Freund so emotional zu erleben, und erwiderte: »Ja, das fühlt sich gerade wirklich sehr schön an.« Sie lächelte übers ganze Gesicht.

Hyperaktivität

$\mathcal{G}$erührt und gleichzeitig staunend saß Linea neben ihrem Großvater, und für eine Weile sprach keiner von beiden ein Wort. Es war eine angenehme Stille und der Kleinen war anzusehen, dass sie sich über das, was sie sah, freute. Die beiden beobachteten die Gruppe, die um einen großen Holztisch versammelt saß und Spaß ebenso wie Freude miteinander teilten. Kinderlachen und fröhliches Geplapper war zu hören. Linea spürte eine wunderbare Energie und genoss einfach, was sie sah. Nach einer Weile platzte es aus ihr heraus: »Ist das nicht wunderbar, Opi?«

Der Alte nickte nur. Er wusste, er musste nichts kommentieren. Gerade in dieser besonderen Zeit genoss er es, wenn die Menschen mal nicht kopfhängend durch die Gegend liefen, sondern fröhlich waren. Das sah er gegenwärtig leider viel zu selten.

»Hast du den Jungen gesehen?«, fragte Linea. »Ich meine den, der das Lied gesungen hat? Ein richtiger Zappelphilipp, oder? Ich mag ihn. Das fühlt sich viel besser an als die Kinder, die wir neulich gesehen haben. Die mit den Masken und den hängenden Köpfen. Welch ein Unterschied! Warum ist das hier anders?«

»Was genau meinst du mit ›anders‹, Schatz?«

»Na ja, in der Schule, die wir uns kürzlich angesehen haben, waren auch Kinder, die so quirlig waren. An denen haben die anderen aber alle rumgemäkelt. Ständig wurden sie aufgefordert, stillzusitzen und leise zu sein. Das war hier ganz anders! Und was ist Hyperaktivität, oder wie hieß das noch, wovon die Mutter des Jungen sprach?«

»Ach«, der Großvater winkte ab, »das gab es schon immer. Hyperaktivität oder ADHS, wie es neuzeitlich genannt wird. Früher sind die Kinder in den Wald gegangen, haben Fangen gespielt und sich ausgetobt. Kinder sprühen halt vor Energie. Das ist auch gut so. Bisher war es nur so, dass sich Menschen durchaus gegenseitig Energie abzapfen konnten. Und bei vielen ist das auch heute noch so.«

»Aha«, kommentierte die Kleine und der Großvater wusste sofort, dass seine Erklärungen nicht ausgereicht hatten. »Was ich dir nun erzähle«, fuhr er fort, »ist eigentlich erst für die nächste Klassenstufe gedacht, die letzte. Da du aber ein so gescheites Mädchen bist, werde ich dir bereits heute etwas davon verraten.« Er bemerkte, wie Linea sich über seine Worte freute. »Der Mensch hat zwölf DNA-Stränge. Und bei vielen Kindern der heutigen Zeit sind diese bereits vollständig aktiviert. Bei Jonas scheint es so zu sein, und deshalb kann ihm niemand Energie abzapfen. Das führt dazu, dass er immer volle Power hat. Die Eltern wissen oder ahnen es zumindest. Sie wissen auf jeden Fall, dass sein übersprudelndes Temperament nichts Böses ist, sondern einfach sein Wesen, seine Natur. Sie lieben ihn so, wie er ist. Leider tun das nicht alle Menschen. Ich sollte besser sagen, dass es sehr viele Menschen gibt, die einfach nicht mit so etwas zurechtkommen. Teilweise geben sie ihren Kindern sogar Medikamente, die sie ruhigstellen. Da mag ich dann gar nicht hinschauen.«

Nach einem Moment der Stille erklärte er weiter: »Bei den meisten anderen Menschen werden die DNA-Stränge nach und nach aktiviert. Das führt gelegentlich dazu, dass sie sich müde und erschöpft fühlen, weil ihnen von außen schon mal Energie abgezapft wird. Das kann Jonas oder anderen Kindern mit Hyperaktivität nicht passieren.«

Das ist gar nicht so einfach zu verstehen, dachte das Mädchen. Doch nach und nach fiel der Groschen, wie der Volksmund auf der Erde zu sagen pflegte.

»Aber wenn die Menschen von den zwölf DNA-Strängen und der Aktivierung wissen, warum haben sie dann so wenig Verständnis für manche Kinder? Ich denke da gerade an die Schule oder an die, deren Eltern sie mit Tabletten behandeln. Das ergibt doch keinen Sinn!«

»Süße, das ist etwas, darum hat sich die Wissenschaft bisher noch keinen Kopf gemacht. Aber das wird sie noch tun und dann werden sie es erforschen. Es wird nicht mehr lange dauern, bis sie die Prinzipien und die Umstände der neuen DNA erforschen und wissenschaftlich belegen. Die derzeit betroffenen Kinder können nur auf so verständnisvolle und liebevolle Eltern wie Lisa und John hoffen.«

In Lineas Kopf arbeitete es. »Ich mag Lisa und John. Und sie passen so gut zu Susann und Christian. Ich freue mich mit ihnen, dass sie sich gefunden haben. Und diese Projektideen, einfach klasse! Ich bin schon so gespannt, was da noch alles draus entsteht. Uiui, ich bin richtig aufgeregt und neugierig!«

Liebevoll erwiderte der Alte: »Jaja, die liebe Ungeduld ...« Lauthals und von Herzen kommend lachte er seine Enkelin an.

Oma Lindas Tränen

$\mathcal{S}$usann wurde wach und sah auf den Wecker. Es war erst kurz nach fünf. Sie drehte sich auf die Seite, um weiterzuschlafen, stellte aber nach einer Weile fest, dass ihre Gedanken um den letzten Abend und ihren Besuch bei den Hyedemanns kreisten. Und irgendwie war ihr schlecht. Es fühlte sich an, als müsste sie sich gleich übergeben. Nachdem sie sich noch einmal auf die andere Seite gedreht hatte und immer noch nicht wieder einschlafen konnte, beschloss sie aufzustehen. Es war, als säße ihr ein Kloß im Hals. Schlaftrunken schleppte sie sich in die Küche und setzte Teewasser auf.

Vielleicht hilft Kamillentee, dachte sie.

Christian war am Abend noch zu sich nach Hause gefahren und wollte heute nach der Arbeit wiederkommen. So saß Susann nun allein am Küchentisch und versuchte, wenigstens eine kleine Portion Müsli zu essen, aber es wollte ihr einfach nicht schmecken.

Pflichtbewusst, wie sie war, machte sie sich auf den Weg und fuhr zum Laden. Einige Aufträge waren eingegangen, die sie gemeinsam mit Sandra zusammenpacken wollte. So gut es ging, versuchte sie, die immer noch spürbare Übelkeit zu überspielen, aber Sandra bemerkte doch, dass etwas mit ihr nicht stimmte.

»Dir geht es nicht gut, oder?«, fragte sie mit besorgtem Gesichtsausdruck.

»Nur ein bisschen Unwohlsein.« Susann winkte ab. »Es geht mir bestimmt gleich wieder besser. Aber sag mal: Wie geht es eigentlich deiner Mutter? Darfst du sie inzwischen öfter besuchen?«

»Nein, leider nicht.« Susann bemerkte, wie Sandras Augen feucht wurden. »Weder geht es ihr besser noch hat sich etwas an der Regelung im Heim geändert. Ich weiß nicht, was ich machen soll. Gerade jetzt braucht sie uns doch. Ich verstehe das nicht, dass die das im Heim so machen können.« Verzweiflung schwang in ihrer Stimme mit.

Susann, die Sandras Hoffnungslosigkeit spürte, überlegte, welches jetzt die richtigen Worte sein mochten. Ihr wurde jedoch schnell klar, dass das schwierig war, also nahm sie ihre Freundin einfach in den Arm.

Sandra, bei der in diesem Moment die Tränen flossen, sagte leise, fast flüsternd: »Wie gerne würde ich meine Mam mal wieder so in den Arm nehmen.«

Für eine Weile ließen sie Pakete Pakete und Aufträge Aufträge sein und setzten sich in die Küche, sodass Sandra in Ruhe all das loswerden konnte, was ihr auf dem Herzen lag. Der Umstand, dass sie ihre Mutter nur einmal in der Woche, und das unter strengen Auflagen, sehen konnte, erdrückte sie.

Außerdem flossen die Auskünfte über den Gesundheitszustand ihrer Mutter nur sehr spärlich. Wie kräftezehrend das war, konnte Susann deutlich wahrnehmen. Es fiel ihr schwer, Worte des Trostes zu finden, doch Sandra tat es gut, dass ihr jemand zuhörte und sie sich einmal alles von der Seele reden konnte. Es tat ihr gut, dass jemand Verständnis hatte, wenn sie, wie im Moment viel zu oft, gerade mal nicht so gut drauf war.

Nach einer Weile gingen sie wieder an die Arbeit und lachten sogar über die eine oder andere Anekdote. Inzwischen war auch Susanns Unwohlsein verschwunden, sodass sie zügig mit dem Packen vorankamen. Nachdem an diesem Tag alle Bestellungen ausgeliefert waren, überkam Susann ein Gefühl, das sie nicht beschreiben konnte. Kurz entschlossen hielt sie auf dem Weg nach Hause bei ihrer Großmutter an, die sich sichtlich über ihren Besuch freute.

Schon bald stellte Susann fest, dass Oma Linda irgendetwas auf der Seele zu liegen schien. Sie war nicht so gut drauf wie üblich. Das war zwar etwas völlig Normales – man konnte ja nicht immer nur gut drauf sein –, aber trotzdem musste Susann sich vergewissern. »Ist alles okay mit dir, Oma? Du wirkst heute so bedrückt, das kenne ich gar nicht von dir.« Sie betrachtete ihre Großmutter aufmerksam.

Auf einmal sah sie, wie deren Augen feucht wurden, und es dauerte nur wenige Sekunden und Oma Linda fing hemmungslos an zu weinen. »Was ist los?«, fragte Susann, die mit allem, aber nicht damit gerechnet hatte. »Was ist passiert?« Sie nahm ein Taschentuch aus ihrer Handtasche, reichte es ihrer Oma und legte einen Arm um sie.

Es dauerte eine Weile, bis die alte Dame wieder in der Lage war zu sprechen. Nachdem sie sich das zweite Mal die Nase geschnäuzt hatte, begann sie leise und mit zaghafter Stimme zu sprechen. »Sie haben Krebs bei mir festgestellt. Eigentlich wollte ich es dir gar nicht sagen.« Sie versuchte sich an einem Lächeln und fuhr fort: »Mach dir bitte keine Sorgen, es wird alles gut. Ich bin nur gerade ein wenig durch den Wind.«

Susann bemerkte, dass Oma Linda der Versuch eines Lächelns misslang. Sie konnte sich nicht erinnern, sie jemals in einer solchen Verfassung erlebt zu haben, außer nachdem ihre Mutter – also Oma Lindas Tochter – gestorben war.

Die beiden saßen noch lange zusammen und redeten viel. Erst als es bereits dunkel wurde und sie sich vergewissert hatte, dass ihre Oma klarkam, machte sich Susann auf den Heimweg. Schweren Herzens fuhr sie nach Hause und dachte: *Was für ein Tag! Heute ist kein schöner Tag.*

Unwillkürlich musste sie an die Mutmacherin denken, die ihr jeden Morgen sagte: »Heute ist ein schöner Tag.« Ihr fiel ein, dass sie sich den Impuls für diesen Tag gar nicht angehört hatte, weil sie es am Morgen, abgelenkt durch ihre Übelkeit, schlichtweg vergessen hatte.

Vertrauen statt Kontrolle

»*O*pi, schau mal, komm mal her!«, rief Linea aufgeregt. »Sie renovieren jetzt dieses alte Haus. Du weißt doch, das, aus dem diese kleine Gruppe, zu der auch Susann gehört, ein Haus der Begegnung machen will. Gerade diskutieren sie zwar, weil es wohl neue Bestimmungen wegen der Kontaktbeschränkungen gibt, aber es wird immer schöner. Sieh mal!« Sie stupste ihren Großvater an. »Schau, wie wunderbar sie diesen Raum gestaltet haben. Was für ein schönes Projekt!«

Gemeinsam beäugten sie den Fortschritt, den die Truppe mit ihrem Vorhaben machte, und freuten sich sichtlich.

»Mir ist schon die ganzen letzten Tage aufgefallen, dass es Susann nicht gut geht«, sinnierte Linea. »Aber immer nur am Vormittag. Gestern hat sie sich zweimal vor die Toilette gekniet und so merkwürdig gewürgt. Sie ist doch nicht krank, oder?« Mit Beunruhigung in der Stimme suchte sie den Blick ihres Großvaters.

»Nein, nein, sie ist nicht krank. Und nun lass uns mit den Vorbereitungen auf dein Himmelsabitur weitermachen. Das möchtest du doch bestehen, oder?«

»Oh ja!«, erwiderte das Mädchen und vergaß die trüben Gedanken. »Ich bin schon ein bisschen aufgeregt. Hoffentlich schaffe ich es! Und was dann wohl kommt? Keiner will es mir verraten.« Sie zog eine Schnute, als wäre sie beleidigt.

»Nur noch wenige Monate, dann wirst du es sehen. Du verhältst dich ja schon fast wie die Menschen. Die wollen auch immer alles kontrollieren und wissen, was am nächsten Tag oder im kommenden Monat passiert.« Der Alte lachte leise vor sich hin, denn als Lehrer wusste er, was seiner Enkelin bevorstand. Aber die Schüler durften Vertrauen lernen. Es kam ja immer alles so, wie es sollte, und vor allem, wie es gut und richtig für sie war.

»Du machst es aber auch spannend, Bubschen. Was gibt es denn heute noch zu lernen oder zu erfahren?« Der Großvater überlegte. »Was meinst du, wollen wir uns noch mal das Thema Bewusstsein vornehmen?« Er wartete auf eine Bestätigung, die augenblicklich in Form eines Nickens und eines lauthals herausposaunten »Jaaaa!« kam. »Siehst du Lisa, Susanns Freundin?«, begann der Alte. »Sie ist sehr stark und häufig im Bewusstsein. Fast immer ist sie ausgeglichen, fröhlich und zufrieden. Und schau, wie sie mit den Kindern umgeht. Ich finde, sie ist ein gutes Beispiel für eine Frau, die bereits sehr weit im erwachten Bewusstsein lebt. Jeden Morgen geht sie in die Meditation und geht bewusst in ihr So-Sein. Sie überlegt sich in Ruhe ihr Ziel und wie sie sein möchte und setzt dann bewusst eine Ursache.« Er sah zu dem Mädchen neben sich, um festzustellen, ob es ihm auch folgen konnte. »Erinnerst du dich an das Gesetz der Resonanz?«

»Klaro!«, kam es wie aus der Pistole geschossen. »Lisa geht bewusst in die Fröhlichkeit und produziert damit weitere fröhliche Momente. Sie sieht und erkennt, wie liebenswert sie ist, und das sehen dann auch automatisch die anderen. Ich liebe Lisa, sie ist eine coole Mama!«

»Da brauche ich ja gar nicht mehr viel zu erklären«, sagte der Alte. »Dann erkennst du ja sicher auch, dass sie fast immer die richtige Ursache setzt, und das Gesetz kann nicht anders, als auch die richtige Wirkung zu erzeugen. Deshalb gelingt ihr fast alles, was sie anpackt.«

»Und sie ist fast immer gut drauf.« Linea freute sich sichtlich mit der jungen Mutter.

Sie und ihr Großvater beobachteten noch eine Weile das rege Treiben in dem alten Gebäude und nahmen die lachenden Gesichter wahr und was dort gerade Wunderbares entstand.

»Aber es gibt noch etwas ganz Entscheidendes, was Lisa in ihren jungen Jahren schon gelernt hat«, ergänzte der Alte. »Kannst du es erkennen, meine Kleine?«

Linea überlegte einen Moment und fragte schließlich: »Meinst du ihr Vertrauen? Sie hat ein so grenzenloses Vertrauen in das Leben. Das findet man unter den Menschen nicht so häufig.«

Die Augen ihres Großvaters glänzten. »Ganz genau! Du hast wirklich einen guten Blick und eine exzellente Wahrnehmung. Lisa lebt im vollen Vertrauen. Sie plant selten lange im Voraus, denn sie weiß in ihrem Herzen, dass sie jeden Tag erkennt, was der richtige nächste Schritt für sie sein wird. Sie nimmt es einfach wahr und weiß, dass alles gut und richtig ist, was und wie es geschieht.«

»Mir ist aber etwas aufgefallen«, warf Linea ein. »Sie hat unter ihrem Getränk immer zwei Zahlencodes stehen. Hat das einen Grund?«

»Wow, du bist ja Sherlock Holmes, oder wie heißt noch dieser Meisterdetektiv? Drei sieben eins sieben und acht sieben acht sieben. Ja, das ist ein kleiner Trick. Die eine Kombination steht für Vertrauen und die zweite erinnert sie daran, wer sie ist. Sie heilt das Herz, die Herzfrequenz.«

»Wie cool ist das denn?«, kam es ungefiltert von Linea. Die kleinen Kniffe und Tricks der Erdenbewohner faszinierten sie.

»Schau mal da«, unterbrach der Alte die kurzzeitig eingetretene Stille und zeigte auf einen der hinteren Räume. Darin hatte sich Susann ein Zimmer eingerichtet. Linea sah zwei schöne Korbsessel, die an einem kleinen Tisch standen, einen Schreibtisch und ein offenes Regal. Auf dem Schreibtisch entdeckte sie einen Bilderrahmen mit einem Foto darin, daneben stand ein Engel. Sie wusste, dass Bubschen das Foto gemeint hatte. Es handelte sich um eine Schwarz-Weiß-Fotografie, auf der, wie auf Susanns Nachttisch bei ihr zu Hause, die beiden Kinder zu sehen waren. Auf der anderen Seite sah Linea einen weiteren Rahmen, in dem sich drei zu einer Collage zusammengestellte Fotos befanden. Eines der Fotos zeigte Susann und Christian an der Ostsee. Auf dem zweiten war Susann Arm in Arm mit Oma Linda zu sehen. Als sie auf dem letzten Bild ihre Eltern erkannte, stiegen Linea Tränen in die Augen. Der Großvater, der bemerkte, wie berührt die Kleine war, betrachtete sie liebevoll und sagte nichts weiter. Dann ging sein Blick ebenfalls in Richtung der Collage. Und auch ihn schienen die Fotos zu bewegen. Es sah fast so aus, als wären seine Augen feucht, während er den Blick für längere Zeit auf die Bilder gerichtet hielt.

Es dauerte eine Weile, bis Linea und ihr Großvater sich gefasst hatten. »Wie gemütlich der Raum wirkt!«, schwärmte Linea, immer noch sichtlich berührt.

Lange Zeit saßen die beiden noch da und nahmen wahr, was in diesem wunderbaren Gebäude vor sich ging, und lächelten und lächelten und lächelten.

Das kleine Wunder

*H*eute waren sie zu dritt im Laden. Eifriges Schaffen war angesagt. Es gab noch immer viel zu tun und Susann, Sandra und Malina wussten, was ihre Aufgabe war. Auch jetzt im neuen Jahr blieben die Ladentüren geschlossen und ihre Kunden nutzten die Möglichkeit, das Gewünschte online oder per Telefon zu bestellen. Gegen Viertel vor elf übergab Susann Sandra noch ein paar Listen mit Bestellungen und verabschiedete sich. Sie hatte ihren alljährlichen Vorsorgetermin bei ihrer Frauenärztin, und anschließend war sie mit Christian zum Mittagessen verabredet. Es war der 29. Januar und ihr Jahrestag, den sie jedes Mal feierten. Bereits in den vergangenen Jahren hatten sie es zum Ritual gemacht, an diesem für sie besonderen Tag nur bis mittags zu arbeiten, um schließlich den Rest des Tages etwas Besonderes zu unternehmen. Heute würden sie sich etwas vom Italiener bestellen und anschließend für einen Alsterspaziergang nach Hamburg fahren. So war der Plan. Zum Glück spielte das Wetter mit. Susann war voller Vorfreude und hatte mit ihren Freundinnen vereinbart, dass sie morgens nur kurz in den Laden käme. Den Rest des Tages würden Sandra und Malina es dort allein meistern. Sandra, die von Susann die eingegangenen Bestellungen in Empfang nahm, sah sie prüfend an und sagte: »Du gefällst mir gar nicht mit deiner ständigen Übelkeit. Vielleicht solltest du das einmal untersuchen lassen.«

»Das mache ich«, versprach sie, um ihre Freundin zu beruhigen. Bis vor ein paar Tagen hatte sie sich auch noch Sorgen gemacht, weil der Zustand einfach schon zu lange anhielt. Aber nun lächelte sie und verabschiedete sich mit den Worten: »Es ist alles gut.«

Als sie kurz darauf bei ihrer Ärztin im Wartezimmer saß, spürte sie, wie sich der Anflug eines Grinsens auf ihr Gesicht schlich und sie nichts dagegen tun konnte. *Du sitzt hier wie ein verliebter Teenager*, dachte sie. *Noch ist nichts klar!*, mahnte sie sich zur Geduld. Die Zeit im Wartezimmer kam ihr heute wie eine Ewigkeit vor. Gefühlt alle zwei Minuten sah sie auf die Uhr. Irgendwann wurde sie dann doch zu ihrer Routineuntersuchung aufgerufen. Susann platzte fast vor Neugier, bis die Ärztin irgendwann sagte: »Herzlichen Glückwunsch! Ich hoffe doch, es ist ein Wunschkind. Sie sind in der sechsten Woche.«

Susanns Herz hüpfte wild. Völlig überdreht verließ sie kurz darauf die Praxis und überlegte, ob sie Christian anrufen und ihm die freudige Nachricht überbringen sollte. Aber dann kam ihr eine andere Idee. In der Wallerstraße gab es einen Babyfachmarkt. Sie suchte im Smartphone nach der Webseite des Marktes, und tatsächlich, dieser bot auch »Call and Collect« an. Spontan wählte sie die angegebene Nummer und erzählte der freundlichen Frau am Telefon von ihrem Vorhaben. Die Verkäuferin, von der Idee berührt, bot Susann an, dass sie direkt vorbeikommen könne. Sie wollte inzwischen einen Schnuller bereitlegen. Wenig später parkte Susann ihren Wagen vor dem Markt, nahm den Babyschnuller entgegen, bezahlte und steckte ihn in ihre Handtasche, bevor sie nach Hause fuhr, um für sich und ihren Freund den Esstisch gemütlich herzurichten.

Um Punkt zwölf stand Christian mit einem Strauß Rosen, dem appetitlich duftenden Essen sowie einer Flasche Wein vor der Tür. Sie gab ihm einen Kuss und versuchte, sich nichts anmerken zu lassen. Trotzdem blieb es Christian offenbar nicht verborgen, dass sie auffällig grinste. Als sie am Tisch saßen, fragte er: »Was ist los mit dir, mein Schatz? Du wirkst so aufgedreht. Aber erst einmal: Herzlichen Glückwunsch zur bestandenen Prüfung. Du hast es jetzt fünf Jahre lang ohne besondere Vorkommnisse mit mir ausgehalten.« Er lachte. Dann stand er auf, kam um den Tisch herum zu ihr und küsste sie. Susann konnte die freudige Nachricht kaum zurückhalten, wollte aber noch einen Moment warten, bis sie gegessen hatten, damit es auch ein wenig feierlich werden konnte und vor allem das Essen nicht kalt wurde.

Aber Christian nahm nicht wieder Platz, wie sie erwartet hatte. Stattdessen griff er in seine Jacketttasche, zog eine kleine Schatulle heraus und fiel auf die Knie. Susann wurde ganz warm ums Herz und ihre Hände begannen zu zittern. Wie sie sehen konnte, war ihr Freund ebenso aufgeregt wie sie. Mit einem liebevollen Lächeln öffnete er die Schatulle, sah sie an und fragte: »Liebe Susann, möchtest du auch noch den Rest deines Lebens mit mir verbringen?«

Susann, von ihren Gefühlen völlig überwältigt, stotterte mit Tränen der Rührung in den Augen ein leises »Jaha, ich will!«.

Dann fielen sich die beiden in die Arme. Susann, die sich von ihrem Platz erhoben hatte, ergriff die Hände ihres Freundes, half ihm wieder hoch und küsste ihn.

»Darauf brauche ich einen Schluck Wein!«, sagte Christian atemlos. »Sorry, aber ich konnte keine Sekunde länger an mich halten. Vor Aufregung hätte ich mir beinahe einen Herzinfarkt eingehandelt oder hätte mir in die Hose gemacht.« Beide lachten und reichten sich die Hände.

Während Susann sich wieder an den Tisch setzte, griff Christian nach der Weinflasche, entkorkte sie, nahm zwei Gläser aus dem Schrank und goss ihnen ein.

Was für ein aufregender Tag!, dachte Susann. Noch bevor Christian, der ebenfalls wieder Platz genommen hatte, das Glas zum Anstoßen heben konnte, griff sie in ihre Handtasche und sagte mit leisen, zaghaften Worten: »Ich möchte heute keinen Wein, mein Schatz, denn ich habe da auch noch etwas für dich.« Dann überreichte sie ihm den Schnuller.

Christian reagierte sprachlos, doch sein Gesicht sprach Bände. Ein erneutes Lächeln glitt über sein Gesicht, und nun stand er noch einmal auf, trat wieder um den Tisch herum und nahm Susann ein weiteres Mal in den Arm. »Du machst mich heute zum glücklichsten Menschen auf Erden.« Er flüsterte fast. Plötzlich kullerten Tränen über seine Wangen und er machte keine Anstalten, sie zurückzuhalten.

Nun gab es viel zu besprechen. Fast zwei Stunden saßen sie zusammen und redeten über ihre gemeinsame Zukunft. Dann fuhren sie nach Hamburg, verbrachten einen wunderbaren restlichen Nachmittag an der Alster und ließen den Tag genauso gemütlich am Abend vor dem Kamin ausklingen.

Aufregung vor der Prüfung

»*B*ubschen, ich bin schon so aufgeregt. Schaffe ich das wirklich?«, fragte Linea und wippte von einem Bein auf das andere.

»Klar schaffst du das! Du bist doch großartig, schon vergessen?« Der Großvater grinste seine Enkelin an und kniff ihr neckisch in die Seite. »Du bist ab sofort der Zukunftsdesigner deines Lebens. Versprochen?«

Linea nickte zustimmend. »Worüber sprechen wir heute?«, wollte sie wissen.

»Heute geht es noch mal um die Dankbarkeit sowie um die Liebe – die Liebe zu dir selbst und die zu anderen. Und wir sprechen über Entspannung und Achtsamkeit. Du siehst, Faulenzen ist am heutigen Tag nicht angesagt.«

»Faulenzen, was ist das?«, erkundigte sich Linea und prustete lauthals los.

Sehr lange unterhielten sich die beiden über die Dankbarkeit und darüber, was für ein großer Turbo diese für die Menschen sein konnte, besonders wenn sie sich in einer negativen Denkspirale befanden. Als Linea nickte, weil sie alles verstanden hatte, schloss der Großvater das Thema mit den folgenden Worten: »Es sind die Kleinigkeiten, die den Seelen auf der Erde die großen Erfahrungen bringen. Wenn sie das verstanden haben, es mit ihrem Verstand also erfasst haben, sind sie auf dem besten Weg. Sie haben eines der wichtigsten untergeordneten Gefühle der Liebe kennengelernt. Aber die größte Kraft ist einfach die Liebe selbst.«

Als Nächstes sprachen sie über die Liebe zu sich selbst und über das Wiedererkennen, wer sie waren. Und vor allem wie großartig und einmalig jeder Einzelne war. Dann ging es um die Liebe zu anderen, die ja auch nichts anderes als die Liebe zu sich selbst war. Aber sie vervollständigte das Spiegelprinzip.

»Was ist noch mal genau das Spiegeln, Opi?«, hakte Linea nach.

»Du erinnerst dich? Alles, was der Mensch im Außen wahrnimmt, was er für die Realität hält, ist nur ein Spiegelbild seines inneren Zustandes. Das hast du doch auch schon im Fach Quantenphysik bei den Engeln erfahren, oder?«

»Ja, richtig, ich erinnere mich! Deshalb gibt es Situationen, die zwei Menschen gleichzeitig betrachten, aber beide sehen gefühlt eine andere Realität. Einer reagiert ganz entspannt und der andere regt sich wie wild auf.«

»Genau, meine Süße. Wenn der Mensch wissen möchte, wie es in ihm aussieht, braucht er nur sein Umfeld zu betrachten. Es spiegelt ihm seine innere Realität. Das muss aber noch lange nicht die Wahrheit sein. Solange der Mensch mit dem Verstand denkt, kann er auch eine falsche Realität sehen. Denn der Verstand kann sich irren, wie du bereits gelernt hast: Er weiß nur, was der Mensch ihm bisher hier auf der Erde antrainiert und was er ihn gelehrt hat.«

»Aber wie kann der Mensch dann die wirkliche Wahrheit erfahren, ohne sich weiterhin durch seinen Verstand täuschen zu lassen?«, wollte Linea wissen.

»Das ist recht einfach. Er muss nur begreifen, dass er weder sein Verstand noch sein Körper ist, sondern dass er auf der Erde lediglich in seinem Körper lebt, also einen Körper und einen Verstand hat. Und was man hat, kann man ja nicht sein. Nimmt er seinen Körper nun von außen wahr, dann ist er automatisch in der Wahrnehmung. Und die Wahrnehmung macht keine Fehler. Er nimmt, wie die Sprache schon sagt, nur *wahr*.«

Linea dachte nach und ihr war anzusehen, dass sie es noch nicht bis ins letzte Detail verstanden hatte.

»Erinnerst du dich an den Vortrag, den Susann letztes Jahr im Kulturzentrum besucht hat? ›Deine Mutmacherin‹ hat seinerzeit dort gesprochen und auch von der Wahrnehmung erzählt. Sie verglich diese mit einer Videokamera, die auch nur aufzeichnet, was wirklich ist. Weder be- noch verurteilt sie etwas, sie nimmt einfach nur auf, was da ist, ungeschminkt und ungeschönt. Das war ein gutes Beispiel für die Wahrnehmung der Wahrheit. Ist das vielleicht etwas verständlicher für dich?« Auf seine Frage erntete der Alte ein Nicken. »Denkt der Mensch, er sei sein Körper, dann fängt der Verstand an zu beurteilen, und zwar ganz nach seiner erlebten Wissensbibliothek. Das, was er in diesem Leben gelernt hat, zieht er dabei heran. Mit seinen Erfahrungen, Gefühlen und Erlebnissen. Und schon erhält er ein ganz anderes Bild, seine persönliche und individuelle Realität.« Er holte kurz Luft, bevor er weitersprach. »Aber zurück zu deiner Frage: Wie kann der Mensch dann die wirkliche Wahrheit erfahren und sich nicht mehr durch seinen Verstand täuschen lassen? Indem er einen Schritt zurücktritt, seinen Körper also von außen betrachtet. Dann ist er nicht mehr verbunden und stattdessen in der Lage, einfach nur wahrzunehmen. Genauso erkennt er, was wirklich ist, und weiß sofort, was zu tun ist, was sein nächster Schritt sein sollte.«

»Ah, okay, nun verstehe ich. Und wenn er plötzlich Gefühle hat, wenn zum Beispiel Wut in ihm hochkommt, dann ist das also ein klares Zeichen dafür, dass er im Verstand ist«, schlussfolgerte Linea. »Nennen die Menschen das nicht auch Ego oder so ähnlich?«

Der Großvater nickte zustimmend.

»Okay, dann ist in dem Moment das, was er fühlt, ausgelöst durch den Verstand und dessen sogenanntes Wissenspaket, das er sich über die Jahre auf der Erde angeeignet hat?«

»Ganz genau. Aber da sich der Mensch ja bei der Geburt bewusst ins Vergessen seines Ursprungs begeben hat, muss er sich einfach nur wieder daran erinnern und sich auf den Prozess des wieder bewussten Wahrnehmens einlassen. Das geht meist nicht von jetzt auf gleich. Stattdessen handelt es sich um einen Entwicklungsprozess, vergleichbar beispielsweise mit dem Aufbau von Muskeln. Jemand, der nie Sport gemacht hat, läuft ja auch nicht von einer Sekunde zur nächsten einen Marathon, sondern trainiert und trainiert und wird im Laufe der Zeit immer besser. Aber der erste Schritt ist stets die bewusste Wahrnehmung, wer wir wirklich sind.«

Linea rauchte der Kopf und ihr war anzusehen, wie es in ihr arbeitete. Deshalb ließ der Großvater sie mit ihren Gedanken allein und lehnte sich gegen die große Eiche, vor der sie saßen.

Einige Zeit verging, während die beiden schweigend ihren Gedanken nachhingen. Dann wanderte Lineas Blick wieder zu Susann, die sich gerade in dem alten Gebäude am Waldrand befand.

Besuch im Haus der Begegnung

*D*er Frühling war eingekehrt und seit dem Mittag befand sich Susann mit Lisa und John in der alten Villa, vor der die Pfingstrosen in voller Blüte standen. Sie waren damit beschäftigt, ihren Traum vom Haus der Begegnung weiterzuverfolgen. Jeder werkelte an einer Stelle des alten Gebäudes. Gegen fünfzehn Uhr gesellten sich Jasemin, Sarina und Christian zu ihnen. Gemeinsam setzten sie sich an den großen Holztisch, der im größten Raum im hinteren Teil des Hauses stand. Sie tauschten sich aus, lachten und schmiedeten weitere Pläne. Sarina, die heute eine bunte Pumphose trug, hatte Waffeln gebacken, dazu gab es frisch aufgebrühten Kaffee und Tee.

Nach einer Weile machten sich alle wieder an die Arbeit. Jeder von ihnen brachte das ein, was er konnte und was ihm am meisten Spaß machte. John tapezierte und bemalte die Wände und Christian lackierte die schönen alten Holzbalken, während Susann ihre Nähmaschine mitgebracht hatte und in einem der Räume Vorhänge nähte. Lisa saß auf dem Fußboden des großen Saals, vor sich ein paar Schalen, in die sie Saatkörner in Muttererde pflanzte. Sie wollte später hinter dem Haus Kräuter, Salat und einige Gemüsesorten in einem Hochbeet anpflanzen und kümmerte sich nun um die erste Vorzucht. Helles Licht fiel durch die großen, bodentiefen

Fenster direkt in ihr Gesicht. Es war ein sonniger Tag und die Kinder – Jule, Janina, Joshua und Jonas sowie die drei Töchter von Jasemin – spielten im angrenzenden Wald. Sie hatten sich nur kurz ein paar Waffeln geholt und waren sogleich wieder verschwunden.

Gegen sechzehn Uhr stießen Peter und Franz, die Männer von Sarina und Jasemin, zu ihnen. Da das Gebäude groß genug war, konnte jeder in seiner Ecke mit dem nötigen Abstand herumhantieren. Nach vielen Gesprächen, Diskussionen und Auflagen hatte es vergangene Woche die offizielle Genehmigung durch die Behörden gegeben. Es war nicht einfach gewesen, aber am Ende war eine Lösung gefunden worden, die den Bestimmungen der Regierung bezüglich der aktuellen Situation gerecht wurde.

Während Susann entspannt einen Saum nähte, kam Sarina zu ihr in den Raum und sagte: »Susann, du hast Besuch!« Etwas irritiert drehte sie sich um und sah Oma Linda neben Sarina stehen. Ein Lächeln glitt ihr über das Gesicht. Augenblicklich stand sie auf und ging auf die beiden zu.

Während sich Sarina wieder an ihre Arbeit begab, drückte Susann ihre Großmutter. »Was für eine Überraschung!« Sie strahlte.

»Ich wollte mir mal anschauen, was hier Schönes entsteht«, erwiderte Oma Linda mit ihrem typischen Schmunzeln im Gesicht. »Meine Neugier hat mich hierhergetrieben.« Trotz der Krebsdiagnose vor einigen Wochen ging es ihr sichtlich gut. Sie hatte sich gegen eine Chemotherapie entschieden und lebte nun nach dem Motto: »Jeder Tag ist ein Geschenk.« Hätte Susann nichts von der Diagnose gewusst, hätte sie es bis heute nicht gemerkt. Seit jenem Tag, als sie davon erfahren hatte, schien es ihrer Oma sogar noch besser zu gehen als all die Zeit davor – sofern das überhaupt möglich war.

Zunächst gingen sie gemeinsam zu dem Raum, in dem Christian am Werkeln war, dann zeigte Susann Oma Linda auch den Rest des Gebäudes und das Grundstück. Sie stellte sie all ihren neuen Freunden vor und spürte, wie herzlich die alte Dame willkommen geheißen wurde.

Oma Linda war überwältigt von dem, was hier gerade entstand. Drei Mal nahm sie ihre Enkelin während des Rundgangs in den Arm. »Es ist so wunderbar, was ihr hier erschafft«, sagte sie gerührt. »Ihr werdet so viele Menschen glücklich machen, da bin ich mir sicher.« Dann glitt ihr Blick zu Susanns Bauch. »Es wird ein Mädchen, oder?« Ohne eine Antwort abzuwarten, ergänzte sie: »Der Bauch geht so sehr nach vorne, dann ist es meist ein Mädel.« Ihre Augen leuchteten.

»Es ist tatsächlich ein Mädchen. Meine Ärztin hat sich neulich ungewollt verplappert.« Susann lachte. »Hauptsache gesund, das ist doch das Wichtigste.«

»Klar, bei der lebensfrohen und gesunden Mutter! Da kann ein Kind doch nur gut gedeihen. Wie soll die Kleine denn heißen? Habt ihr euch schon entschieden?«

»Ja, weißt du ...« Susann hielt kurz inne und sah ihrer Großmutter tief in die Augen, um ihre Reaktion zu erleben. »Wie deine Tochter, wir wollen sie Maria nennen.«

Oma Linda musste kurz schlucken, doch dann glitt ein Lächeln über ihre Lippen. Ihr Blick ging zum Himmel und sie sagte: »Deine Mama wird nun da oben mit uns strahlen und sich freuen.« Dann schwiegen sie beide, während Oma Linda zärtlich über Susanns Bauch strich und gleichzeitig in Erinnerungen an ihre Tochter schwelgte.

Nachdem sie ihren Rundgang beendet hatten, setzten sie sich noch für eine Weile in die Küche. Auch dort stand ein großer Holztisch, der dazu einlud, sich daran niederzulassen. Während sie plauderten, kamen Jule und Joshua in die Küche und setzten sich zu ihnen. Sofort waren die beiden in ein unterhaltsames Gespräch mit der alten Dame vertieft. Die Kinder erzählten von ihren Erlebnissen im Wald. Unter anderem hatten sie von weitem ein Reh gesehen.

Irgendwann stand Oma Linda auf, um sich zu verabschieden. Sie wohnte nicht weit entfernt und wollte auch den Rückweg zu Fuß antreten. Das Angebot von Susann, sie nach Hause zu fahren, lehnte sie dankend ab. »Du hast hier sicher noch etwas zu tun und Wundervolles zu vollbringen«, meinte sie, während sie vor dem Haus standen. »Mir wird der Rückweg guttun, aber nun will ich auch los, sonst ist es nachher dunkel.«

Sie wandte den Blick nach links in Richtung Nachbarhaus und fragte: »Was ist das für ein schönes Haus? Das sieht auch sehr gemütlich aus, aber es scheint nicht bewohnt zu sein.«

»Ja, das haben Christian und ich auch schon bewundert. Die Eigentümerin soll vor ein paar Wochen zu ihrem Freund nach Hamburg gezogen sein, und seitdem steht es leer.«

»So, du Liebe, ich mach mich jetzt mal auf den Weg«, sagte Oma Linda, nahm Susann zum Abschied in den Arm und ergänzte: »Bleib du selbst. Lass dir bitte niemals ausreden, dass deine bedingungslose Liebe und der Frieden, den du im Herzen trägst, richtig sind.« Die Worte waren eher geflüstert, als wollte sie nicht, dass jemand mithörte. Dabei waren die Kinder schon seit ein paar Minuten auf und davon und sie beide seitdem allein.

Susann spürte, wie ihre Großmutter ihr einen Kuss auf die Wange drückte, und erwiderte: »Komm gut heim, Omi. Ich schaue die Tage vorbei. Schön, dass du hier warst. Hab dich lieb!«

»Ich dich auch, mein Schnuggel.« Mit diesen Worten marschierte sie los.

Ängste verschwinden lassen

» *B*ubschen, wir wollten noch über Entspannung und Achtsamkeit reden«, sagte Linea am nächsten Tag zu ihrem Großvater.

»Richtig, und eventuell über Ängste.«

»Oh ja, Ängste – ein gutes Thema! Wie überwindet man sie?«, wollte die gelehrige Schülerin wissen, während sie beobachtete, wie Susann erst einen Rucksack packte und anschließend Gemüse schnippelte.

»Als Erstes erinnern wir uns, dass es ja nur die zwei Grundgefühle gibt, entweder die Liebe oder die Angst. Du entsinnst dich doch? Theoretisch braucht der Erdenbürger nur in die Liebe zu gehen oder in eines ihrer Untergefühle, und schwups, ist das Gefühl der Angst nicht mehr da. Aber wir haben ja gesehen, dass den Menschen diese einfache Methode *zu* einfach ist. Sie erwarten immer etwas Kompliziertes oder Schweres. Auch dafür gibt es eine Lösung. Oberstes Gebot ist allerdings: Nicht gegen die Angst kämpfen! Wie du schon gelernt hast: Kampf führt nie zu einer Lösung und produziert durch das Gesetz der Resonanz nur noch mehr Kampf. Und, meine Liebe, das wollen weder wir noch die Seelen auf der Erde.« Der Großvater sah seine Schülerin prüfend an. Da diese schmunzelte, wusste er, dass sie begriffen hatte, und fuhr fort: »Zunächst sollte man sie wahrnehmen, denn auch die Angst ist, ebenso wie die Symptome des Körpers, lediglich eine Botschaft. Sie besagt, dass der Mensch gerade nicht er selbst ist, dass die Seele etwas benötigt.« Er hielt für einen Moment inne und fragte schließlich: »Was meinst du, meine Kleine, was mit dem Körper passiert, wenn der Mensch Angst verspürt?«

Linea überlegte kurz und hakte nach: »Meinst du das mit dem Atem? Dass der Mensch den Atem anhält oder Schnappatmung bekommt?«

»Richtig. Und damit schneiden wir jetzt auch gleich das Thema Achtsamkeit an. Es stimmt, wie du es gesagt hast: Dem Menschen stockt unter Umständen der Atem. Deshalb lautet der erste Schritt, achtsam zu sein und den eigenen Atem wahrzunehmen. Und dann ist es wichtig, tief und bewusst zu atmen, ganz ruhig und entspannt.«

Nach einer Weile ergänzte der Alte noch: »Manche Menschen unterdrücken oder verdrängen ihre Ängste auch gerne. Das ist im Übrigen gefährlich, denn irgendwann kehren die Ängste mit vielfacher Kraft zurück. Aber dazu später mehr.«

»Schau mal, Bubschen«, sagte Linea, die plötzlich abgelenkt war, und zeigte in Richtung Norden, wo sie Susann und Christian zusammen mit ihren Freunden sehen konnte. »Was machen die da? Wenn mich nicht alles täuscht, sehe ich gerade große Angst in den Augen von Susanns Freundin Lisa.«

Im Kletterpark

$\mathcal{S}$usann hatte Brote geschmiert und Gemüse klein geschnitten, das sie in einer Dose verstaute. Zusammen mit zwei Flaschen Wasser legte sie das Vorbereitete in einen Rucksack.

»Ich bin ganz schön aufgeregt, aber ich freue mich auch auf den Tag«, sagte Christian, der mit einem Prospekt in der Hand am Küchentisch saß. »Es wird ein herrlicher Tag. Die Sonne scheint und die Kinder sind sicher auch schon aufgeregt.« Er sah seine Freundin prüfend an und meinte: »Ich freue mich besonders, dass du auch mitkommst. Ich weiß doch, wie gerne du kletterst, und hoffe, es wird dir nicht allzu schwerfallen, uns zuzuschauen.« Lächelnd langte er mit seiner Hand zu Susann und strich ihr sanft über den Bauch.

»Ich freue mich auch«, erwiderte Susann, »aber ich möchte Lisa mit ihrer Höhenangst zur Seite stehen. Und ich kann ja später, wenn unsere Maria da ist, mit ihr zusammen über den höchsten Parcours wandern. Und du brauchst als heutiger Leihvater oder Kinderbetreuer doch sicher meine Unterstützung.« Mit einem liebevollen Augenaufschlag sah sie Christian an und gab ihm einen zärtlichen Kuss.

Plötzlich klingelte es an der Tür. »Das werden Lisa, John und die Kinder sein. Nun müssen wir uns aber sputen!« Susann lachte, während Christian bereits in Richtung Tür ging, um sich feste Schuhe anzuziehen.

Susann griff nach dem Rucksack, zog sich ebenfalls Schuhe an und folgte Christian nach draußen, wo die Hyedemanns auf sie warteten, damit sie gemeinsam zum Kletterpark starten konnten. Der Park hatte erst kürzlich wiedereröffnet und man war noch sehr strikt mit den Sicherheitsbestimmungen. Wie schon all die Monate zuvor waren die Abstandsregeln einzuhalten und es durften nur kleine Gruppen zusammenkommen.

Den Kindern war anzumerken, wie aufgeregt sie waren. Lautes Geplapper und fröhliche Musik drangen aus dem alten VW-Bus.

Es waren nur wenige Kilometer zum Wiesener Wald, in dem vor zwei Jahren der Kletterpark entstanden war. In sechs verschiedenen Parcours konnte man in unterschiedlichen Höhen wie ein Abenteurer zwischen den Bäumen umherklettern. Es waren sowohl Nadel- als auch Laubbäume, die den Besuchern Schatten spendeten. Die Sonne strahlte durch die Baumkronen und ließ den Wald wie einen Märchenwald wirken. Viele aufgeregte Stimmen waren zu vernehmen.

Im VW-Bus war es nicht so ruhig wie bei Susann und Christian im Pkw. Es wurde gelacht und gealbert. Nur Lisa wurde immer stiller. Schon während der letzten paar Hundert Meter vor ihrem Ziel hatte sie die erste Aufregung verspürt. Sie hatte seit einigen Jahren mit Höhenangst zu kämpfen und wollte diese heute in Angriff nehmen. Der Park bot dafür gute Möglichkeiten. Es gab Parcours, die in nur geringem Abstand über dem Boden verliefen, und dann ließ sich die Höhe in kleinen Schritten steigern. Christian hatte sich angeboten, sich um die Kinder zu kümmern und mit ihnen gemeinsam zu klettern, sodass Lisa mit Johns Unterstützung an den kleineren Parcours üben konnte.

Als sie den Parkplatz erreichten, rannten die Kleinen, aufgedreht, wie sie waren, gleich los in den Wald. Lisa stand noch eine Weile mit Susann bei den Autos, während die Männer die Anmeldung ansteuerten. Susann fragte Lisa, wie es ihr gehe, und so quatschten die beiden eine Weile, bevor sie John und Christian folgten. Sie wussten ja bereits, dass es eine Weile dauern würde, bis sie dran waren und ihre Sicherheitsausrüstung anlegen konnten. Das Gespräch wirkte beruhigend auf Lisa. Diesen Tag mit Christian und Susann zu verbringen war eine große Freude für sie, denn sie hatte die beiden längst in ihr Herz geschlossen und liebte es, Zeit mit ihnen zu verbringen.

Nach etwa einer halben Stunde hatten alle außer Susann Sicherheitsgurte angelegt und Helme aufgesetzt. Die Kinder waren nach einem kurzen Streifzug durch den Wald zu den Erwachsenen zurückgekehrt und lauschten nun ebenfalls der Einweisung und den Sicherheitsbestimmungen beim Klettern. Lisas Knie fingen wieder an zu zittern, aber sie gab nicht auf. Sie atmete drei Mal ganz bewusst tief ein und wieder aus, während sie den Worten des Instruktors folgte. Erst nach und nach spürte sie, wie ihr Körper sich beruhigte. Den Kindern konnte es nicht schnell genug gehen, sodass sie zum Startpunkt des Parcours vorliefen.

John wandte sich noch einmal an Christian: »Du bist dir sicher, dass du es mit der Rasselbande aufnehmen möchtest?« Er grinste ihn herausfordernd an. Auch wenn es für Christian ungewohnt war, sich um mehrere Kinder zu kümmern, so freute er sich sichtlich darauf und nickte seinem neuen Freund zu.

»Wo möchtest du starten?«, erkundigte sich John nun mit Feingefühl bei Lisa. »Sollen wir erst mal mit dem kleinsten Parcours, der Nummer eins, beginnen, oder was denkst du?«

Lisa überlegte, während Susann ihr sanft auf die Schulter klopfte und ihr Mut zusprach. »Du schaffst das!«, sagte sie. »Folge aber deinem Bauchgefühl und denk nicht darüber nach, was die anderen denken könnten.« Sie lächelte und ergänzte: »Ich gehe mal los, um Christian zu unterstützen. Er braucht bestimmt meine Hilfe. Außerdem spiele ich das Bodensicherheitspersonal. Wir sehen uns zwischendurch, okay?«

Lisa folgte Susanns Blick und sah, dass die Kinder gleich auf den dritten Parcours zugestürmt waren und bereits zu klettern begonnen hatten. »Ja, ganz bestimmt. Nehmt keine Rücksicht auf uns und habt viel Spaß!«, sagte sie und winkte Susann, die sich gleich darauf auf den Weg machte. Sie lächelte. Offenbar hatten ihre Kinder sie und John in ihrem Eifer völlig vergessen. Lisa nahm ihren Mann in den Arm und flüsterte: »Ich bin ein wenig aufgeregt. Aber nun lass uns starten. Ich denke, Susann und Christian kommen mit den Kindern klar.«

John nickte bestätigend, nahm Lisa an die Hand und ging mit ihr zum zweiten Parcours. Mutig kletterte sie die kurze Holztreppe hinauf und stellte schon bald fest, dass sie mit dieser Höhe relativ gut klarkam. Freudig lief sie, ihren Mann im Schlepptau, über Holzbalken, Planken und eine Wackelbrücke. Schritt für Schritt entspannte sich ihr Körper und sie konnte das Abenteuer in vollen Zügen genießen. Als sie später zum nächsten Parcours wechselten, der einige Meter hoch war, machte sich wieder das flaue Gefühl in ihr bemerkbar und sie spürte Angst in sich aufsteigen. Nachdem sie die erste Leiter zum eigentlichen Startpunkt der Runde hinaufgestiegen war, wurden ihr die Knie weich. *Aber was habe ich gelernt?*, überlegte sie. *Nicht den Atem anhalten, sondern drei Mal tief Luft holen und ruhig weiteratmen.*«

John, der ihr geduldig gefolgt war, fragte: »Alles gut, mein Schatz?«

»Ja«, sie nickte, »alles in Ordnung. Ich brauche nur einen kleinen Moment, um mich zu sammeln und ruhiger zu atmen.« Dann ergänzte sie: »Danke, dass du die Geduld aufbringst und dieses Vorhaben heute mit mir in die Tat umsetzt. Ich möchte keine Spaßbremse sein, aber ich gehe es lieber etwas langsamer an.«

»Das ist völlig okay«, versicherte John ihr. »Du bestimmst dein Tempo. Ich helfe dir gerne und bleibe die ganze Zeit hinter dir.«

Lisa war froh, dass sie zurzeit allein auf dem Parcours waren und dass niemand drängelte. Aufgrund der aktuellen Bestimmungen wurden nicht so viele Besucher in den Park gelassen und die zeitlichen Abstände zwischen den einzelnen Gruppen waren größer als sonst. Das kam ihr sehr gelegen.

Lisa nahm noch einmal drei bewusste, tiefe Atemzüge und setzte den rechten Fuß auf den ersten Holzbalken. Dann folgte wieder ein bewusster Atemzug, so wie sie es bei ihrer damaligen Therapeutin gelernt hatte, und schließlich Schritt zwei. Danach ging es im selben ruhigen Rhythmus weiter. Nach jedem erfolgten Tritt fühlte sie sich entspannter und gelassener. John, der mit etwas Abstand hinter ihr blieb, ermutigte sie, sich so viel Zeit zu lassen, wie sie benötigte, und war sichtlich stolz auf sie. Nach einer Weile steigerte Lisa das Tempo und ihr war anzusehen, dass sie sich mehr und mehr entspannte. Schon bald machte es ihr Spaß, die Hindernisse zu überwinden. Als sie sich am Ende des Parcours mit einem Schlitten hinunter auf den Waldboden gleiten ließ, lachte sie befreit. »Geschafft, Lisa!«, lobte sie sich selbst. »Auf zur nächsten Bahn?«, fragte sie John, der erleichtert und zufrieden nickte. Nur von weitem waren die Kinder zu hören, aber das nahm Lisa in diesem Moment gar nicht wahr.

Nach etwa einer Stunde begegneten sie den anderen und Lisa erzählte von ihrem Erfolg. Susann lobte sie und auch Christian freute sich mit ihr. Sie legten alle zusammen eine Pause ein, bevor sie – diesmal gemeinsam – das nächste Level angehen wollten.

Nachdem sie ihre Picknickdosen und die Wasserflaschen wieder verstaut hatten, kam Joshua auf Susann zu, nahm sie bei der Hand und fragte: »Wollen wir zusammen auf die große Hängebrücke?« Er zeigte in Richtung des Sees.

Susann lächelte. »Dürfen wir, Lisa?«

»Klar«, antwortete Lisa und sie fügte noch hinzu: »John und ich gehen so lange mit Christian und den Kinder zu Bahn sechs. Treffen wir uns nachher an der Hütte beim See?«

»Ja klar«, bestätigte Susann und wünschte ihnen viel Spaß, während sie Hand in Hand mit dem Jungen zum See hinüberging.

An diesem Nachmittag kam jeder von ihnen auf seine Kosten und hatte Spaß. Fröhlich, gleichzeitig aber auch erschöpft, fuhren sie am späten Nachmittag wieder heim. Nicht nur die Kinder wurden auf der Rückfahrt müde, auch Lisa war erschöpft. Zufrieden lächelnd saß sie neben John auf dem Beifahrersitz und dachte: *Du liebe Angst, siehst du, so schlimm war es gar nicht. Am Ende hat es sogar Spaß gemacht*. Glückselig legte sie ihre Hand auf den Arm ihres Mannes und ließ sich entspannt nach Hause fahren.

Auch im Pkw war deutliche Erschöpfung zu spüren. Aber Susann und Christian waren glücklich und zufrieden. Sie hatten die Zeit mit den Kindern der Hyedemanns genossen. Mit einer Hand über ihren Bauch streichelnd flüsterte Susann mit sanfter Stimme: »Wann wir wohl das erste Mal in den Kletterpark gehen, meine Kleine?« Sie sah zu Christian hinüber und fühlte sich von einer Welle des Glücks durchströmt.

Wenn die Raupe nur wüsste, was aus ihr wird

*M*it Freude hatten Linea und ihr Großvater das Geschehen im Kletterpark beobachtet. Johlende Kinder und zufriedene Erwachsene hatte es während der letzten Monate und besonders im Lockdown nur selten gegeben.

Erst nachdem es im Wald ruhiger geworden war, unterbrach der Großvater die Stille. »Und wie geht es dir, meine Kleine? Bist du schon gespannt auf die Prüfung und auf all das, was dich danach erwartet?«

Linea, die mittlerweile von der zweiten Himmelsklasse in die dritte aufgestiegen war, brauchte einen Moment, um sich von dem soeben Erlebten loszureißen. Aber dann antwortete sie: »Ehrlich gesagt noch nicht. Ich war abgelenkt, weil es so schön war, Susann und ihre Freunde so zu sehen. Und all das Kinderlachen, einfach wunderbar! Aber doch, gespannt und vor allem ein wenig aufgeregt bin ich schon, wenn ich ehrlich bin. Und das bin ich. Ich kann ja gar nicht anders.« Sie lachte, wusste sie doch, dass man hier oben nicht lügen konnte. Das ging einfach nicht! »Bubschen, ist es okay, wenn ich mich noch ein wenig auf die Wiese lege und die Schmetterlinge beobachte?«, fragte sie nach einer geraumen Zeit.

»Natürlich. Ich weiß doch, wie sehr du Schmetterlinge magst, und denke gerade an die vielen Tage, in denen du die verzweifelten Raupen beobachtet hast. Während sie sich verpuppten, bist du ihnen nicht von der Seite gerückt. Stattdessen hast du sie mit tröstenden Worten aufgemuntert, damit sie nicht verzagen.«

»Oh ja!«, rief die Kleine mehr, als dass sie es sagte: »Bis sie dann zu diesen wunderbaren Schmetterlingen wurden und einfach davonfliegen konnten. Ich wünschte, sie hätten es vorher verstanden, dass sie nicht wirklich sterben, die kleinen Raupen. Und dass ihnen bewusst gewesen wäre, dass aus ihnen frei fliegende, wunderbare und schöne Schmetterlinge werden würden.« Wehmut schlich sich in ihre Stimme.

Mit einem liebevollen Blick sagte der Alte: »Komm, Süße, lauf rüber zur großen Wiese und genieße das Treiben der bunten Falter. Wir sehen uns bei deinem großen Fest.

Das ließ sich Linea nicht zweimal sagen. Sie stand auf und hüpfte singend davon.

Abschied

Am späten Vormittag saß Susann mit einem Buch in ihrem Ohrensessel und ließ es sich gut gehen. Sie gönnte sich heute einen freien Tag und die Lektüre fesselte sie bereits seit zwei Stunden. Sie legte das Buch immer nur kurz zur Seite, um von ihrem Tee zu trinken, in sich zu spüren und sich dann gleich wieder in die Geschichte zu vertiefen. Es war das fünfte Buch von »Deiner Mutmacherin« und handelte von der Reise einer jungen Witwe auf eine paradiesische und gleichzeitig sonderbare Insel, die Insel Sonnenschein. Während des Lesens erfuhr Susann viele positive Impulse, die ihr in ihrem eigenen Leben weiterhelfen konnten. Ihre linke Hand strich sanft über ihren Bauch und hielt inne, um die kleinen Bewegungen im Innern wahrzunehmen. »Dir geht's gut, oder?«, flüsterte sie. Sie sah, wie sich rechts von ihrem Bauchnabel lustige Dellen bildeten, und spürte einen kleinen Ruck. Sie legte ihre Hand darauf und sang ein Lied. Das wohlig-warme Gefühl, das sie dabei verspürte, konnte sie nicht in Worte fassen, und sie wurde sich wieder einmal bewusst, wie gut es ihr ging.

Nach einer Weile las sie weiter. Gegen zwölf durchzuckte sie ein kurzer, stechender Schmerz, der sie innehalten ließ. Sie wusste nicht, was mit ihr geschah, und erschrak zunächst. Während Übelkeit in ihr hochkroch, tastete sie nach ihrem

Bauch. Ihr Atem stockte, als sie darauf wartete, die Bewegungen in ihrem Innern zu spüren, aber für einen Moment tat sich nichts. Panik machte sich in ihr breit und sie sagte laut und trotzdem sanft: »He, du kleines Wesen, alles okay mit dir? Alles gut? Gib mir bitte ein Zeichen, dass bei dir alles in Ordnung ist. Bitte!« Die letzten Worte sprach sie beinahe flehend, weil noch immer keine Bewegungen zu spüren waren. Sie legte das Buch beiseite und erhob sich aus ihrem Sessel. Deutlich spürte sie ihre innere Unruhe und die Übelkeit war ihr mittlerweile bis in den Hals gestiegen. Dieses Gefühl hatte sie zuletzt am Ende des dritten Schwangerschaftsmonats wahrgenommen. Wie ein Löwe im Käfig durchschritt sie das Wohnzimmer – auf und ab, hin und her –, stets die Hand auf ihrem Bauch. »Bitte, bitte, sag mir, dass alles okay ist bei dir da drinnen!« Und plötzlich war da wieder eine Bewegung. Ein Bein, das offenbar gegen die Bauchdecke stieß. Augenblicklich überflutete sie ein Gefühl der Erleichterung, selbst wenn die Übelkeit noch da war. »Danke, Schatz!«, stieß sie hervor. »Danke! Das hat mich gerade sehr erschreckt.« Ein Lächeln glitt über ihr Gesicht und sie hörte auf, darüber nachzudenken, was der stechende Schmerz bedeuten konnte. Sie beschloss, morgen ihre Frauenärztin darauf anzusprechen. Ihr für diesen Tag angesetzter Untersuchungstermin bot eine gute Gelegenheit.

Susann sank in ihren Sessel und nahm das Buch zur Hand. Als sie erneut zu lesen begann, stockte sie. Das ungute Gefühl in ihrem Hals wollte nicht verschwinden. Aber dem Baby schien es gut zu gehen. Das beruhigte sie, denn das Gestrampel nahm jetzt Fahrt auf, als wollte die Kleine ihr zeigen: *Ich habe Spaß, es geht mir gut.* Susann las das Kapitel zu Ende und beschloss, sich eine Kleinigkeit zu essen zu machen. Auch wenn sie keinen Appetit hatte, wusste sie doch, wie wichtig es für das Ungeborene war, regelmäßig gut ernährt zu werden.

Gegen vierzehn Uhr klingelte das Telefon. Es war Carla, die Freundin ihrer Großmutter. Susann stutzte, denn das war ungewöhnlich. Die alte Dame hatte noch nie bei ihr angerufen. Sie kannten sich zwar bereits seit Jahrzehnten, waren sich aber bisher immer nur bei ihrer Oma begegnet.

»Hallo, liebe Susann, ich hoffe, ich störe nicht. Ich war mit deiner Oma Linda für heute im Bus verabredet. Wir wollten zusammen in die Stadt fahren und ein wenig durch den Stadtpark spazieren. Aber sie ist nicht gekommen, und nun mache ich mir Sorgen.«

Susann zog sich der Magen zusammen. Sie wusste nicht, wie ihr geschah, denn plötzlich war da wieder der stechende Schmerz, genau wie vorhin, und auf einmal wusste sie, was dieser zu bedeuten hatte. Während sie um Fassung rang und sich vorsichtig auf einen Stuhl setzte, um nicht umzukippen, hörte sie Carla fortfahren.

»Wir haben uns vorhin ganz spontan am Telefon verabredet. Als unser Gespräch beendet war, kam mir die Idee, dass wir später zusammen etwas essen und handarbeiten könnten. Also rief ich sie gleich noch mal an, aber es war besetzt. Zunächst dachte ich mir nichts dabei, doch dann war sie nicht im Bus, und auch jetzt ist ihr Telefon besetzt. Das beunruhigt mich.« Eine Pause entstand, in der keine der beiden Frauen etwas sagte. »Hörst du mich, Susann?«, fragte Carla nach einer Weile und ergänzte: »Bist du noch da?«

Tausende von Gedanken kreisten Susann durch den Kopf, als sie stotternd antwortete: »Eh, ja, ich, äh, also ... Ich fahre gleich mal zu ihr und sehe nach, okay?« Sie versprach

Carla noch, dass sie sich bei ihr melden würde, und legte schließlich auf. Dann sackte sie in sich zusammen und begann zu weinen.

Erst nach ein paar Minuten war sie in der Lage, die Nummer ihrer Großmutter zu wählen. Es war immer noch besetzt. *Ach, sie wird den Hörer nicht richtig aufgelegt und den Bus verpasst haben*, versuchte sie, sich zu beruhigen, doch tief in ihrem Innern spürte sie, was mit Oma Linda los war. Aber das wollte sie nicht wahrhaben. Kurzerhand rief sie Christian an, um ihm von Carlas Anruf zu erzählen. Sie ließ nichts aus und erzählte ihm auch von dem stechenden Schmerz, den sie um die Mittagszeit verspürt hatte.

Christian hörte aufmerksam zu, bis sie zu Ende geredet hatte, und sagte schließlich: »Ich mache hier Feierabend, komme zu dir und dann fahren wir zu Linda, okay? Bestimmt ist alles in Ordnung mit ihr.« Aber auch seiner Stimme war anzuhören, dass er sich seiner Worte nicht sicher war. Er versuchte trotzdem, Susann zu beruhigen, und versprach, so schnell wie möglich bei ihr zu sein.

Christians Chef zeigte sich verständnisvoll, als er ihn bat, früher Feierabend machen zu dürfen, und so dauerte es keine zwanzig Minuten, bis er bei Susann war. Schweigend fielen sich die beiden um den Hals, gaben sich einen Kuss und machten sich anschließend auf den Weg.

Leider entpuppte sich ihr Gefühl als zuverlässiger, als sie es sich gewünscht hätten. Als Oma Linda ihnen nach dreimaligem Klingeln nicht öffnete, nahm Susann den Zweitschlüssel, den sie vorsichtshalber eingesteckt hatte, aus ihrer Tasche und reichte ihn Christian.

»Soll ich vorgehen?«, fragte er leise. Auf das bestätigende Nicken hin schloss er die Wohnungstür auf, trat in den Flur und rief: »Linda, bist du da?« Als keine Antwort kam, ging er, gefolgt von Susann, ein paar Schritte weiter. Und dann sahen sie sie! Oma Linda lag am Boden, das Telefon neben ihr.

Zwei Stunden später, nachdem der Notarzt das Unfassbare, aber Erahnte, festgestellt hatte, saßen Susann und Christian mit einem Mitarbeiter des ortsansässigen Bestattungsinstituts zusammen. Oma Linda war einfach umgefallen. Der Arzt vermutete einen Gehirnschlag. Eventuell war auch der Krebs die Ursache für ihren Tod, doch das hatte er infrage gestellt. Susann saß völlig aufgelöst neben Christian auf Oma Lindas Sofa und konnte es immer noch nicht glauben. Der Verlust schmerzte sie, und dennoch fühlte sie, dass alles gut war. Sie konnte sich das nicht erklären, hatte aber festgestellt, dass Oma Linda entspannte Gesichtszüge gehabt hatte, als sie sie gefunden hatten. Deshalb vermutete sie, dass ihre Großmutter nicht gelitten hatte. »So hat sie es sich immer gewünscht – einfach umfallen und sterben«, murmelte sie und begann gleich darauf zu schluchzen. Christian reichte ihr ein Papiertaschentuch und drückte sie zaghaft an sich. Susann, die sich nicht in der Lage sah, irgendetwas zu regeln, ließ sich noch tiefer in seinen Arm fallen und ließ ihren Tränen freien Lauf, während Christian mit dem Bestatter einen Termin für den nächsten Tag verabredete. Dieser zeigte Verständnis, kümmerte sich zunächst um das Wichtigste und verabschiedete sich.

Nachdem der Leichnam abtransportiert worden war, blieben Susann und Christian noch ein paar Minuten in dem leeren Wohnzimmer sitzen. Immer wieder fing Susann an zu weinen. Nach einer Weile bat sie Christian, bei Carla anzurufen und sie darüber zu informieren, was geschehen war. Anschließend machten sie sich auf den Heimweg.

Zu Hause angekommen, musste sich Susann erst einmal hinlegen und das Geschehene sacken lassen. Ihre Emotionen fuhren Achterbahn. Der Gedanke, dass sie ihre Großmutter nie wiedersehen würde – dass ihre geliebte Oma Linda nicht mehr da war –, war ihr unbegreiflich und es schmerzte sie sehr. Ein paar Minuten später spürte sie Bewegungen in ihrem Bauch. Während sie das wahrnahm, glitt ein Lächeln über ihr Gesicht, das gleich darauf wieder verschwand. »Jetzt wirst du sie nie kennenlernen, diese wunderbare Frau«, sprach sie zu dem Wesen, das sie in sich trug. »Sie hatte sich so auf dich gefreut.« Mit beiden Händen strich sie über ihren Bauch, der mal wieder von regelmäßigen Dellen gezeichnet war. Liebevoll versuchte Susann die Füße des kleinen Babys zu spüren. Dann ging ihr Blick in Richtung Decke und sie begann zu singen:

Keine Angst, mein Schatz,
du bist nie allein.
Wir alle haben unseren Platz,
auch scheint es grad gemein.
Hab Vertrauen,
darauf kannst du bauen.
Sieh hinauf, die helle kleine Lücke
hinterm Regenbogen, der kunterbunten Brücke.
Wenn du fehlst, dann schau ich hoch zum Mond.
Die Blicke treffen sich, egal wo man wohnt.
Es ist wie Urlaub, du bist erst mal fort,
aber irgendwann treffen wir uns dann dort.
Sehen uns doch wieder,
singen uns're Lieder.
Du bist bei uns, du bist bei uns ...

Sie hielt inne, während sie voller Liebe ihren Bauch streichelte und durch das Fenster hinauf zum Himmel sah. Dann sang sie weiter, ohne zu wissen, was sie sang. Die Worte flossen einfach aus ihr heraus.

Keine Angst, mein Schatz, du bist nicht allein.
Du hast das Leben gefüllt immer wieder mit Sonnenschein.
Hab Hoffnung, wir haben sie auch.
Sieh den Schein der strahlenden Kerzen
hinterm Regenbogen,
tragen dich im Herzen.[6]

Christian hatte ihr sehr berührt gelauscht. Jetzt nahm er Susann in den Arm und sie weinten gemeinsam vor Traurigkeit, unterbrochen von einem fröhlichen Lächeln. Bis Susann irgendwann sagte: »Schön, dass ich sie hatte. So sollte ich es doch jetzt sehen. Aber es tut so weh!« Ein erneutes Schluchzen überkam sie und sie ließ sich in die Arme ihres Freundes sinken.

---

6) Zu finden bei YouTube unter der folgenden Adresse:
https://youtu.be/fkuvNHhvx0U

Das Himmelsabitur

*B*ereits eine ganze Weile hatte Linea Susann beobachtet. Sie hatte den Übergang ihrer Großmutter gespürt und sie willkommen geheißen und gleichzeitig den Schmerz in Susanns Herz gefühlt. Wie in Trance hatte das Mädchen sich auf das Sofa an die Seite von Susann gesetzt und ihr ein Lied des Trostes ins Ohr geflüstert. Mit ihrem Licht und ihrer Herzenswärme hatte sie sie umschlungen. Linea wusste, dass Susann durch diese Gefühle gehen musste, aber auch, dass sie ihren Trost fühlen konnte. Im selben Augenblick war ihre eigene Nervosität zu spüren, denn im Grunde genommen wusste Linea nicht, was sie selbst in diesen Tagen erwartete. Alle machten so ein Geheimnis um das Himmelsabitur. Ja, sie würde die Wahl haben. Es gab mehrere Alternativen, die sie mit ihren Engeln besprochen hatte, und es waren Pläne ausgearbeitet worden. Aber wie würde es werden, und vor allem: Wie ging es danach weiter? Sie wusste es nicht, und das machte sie nervös. Aber irgendwie war es eine positive Nervosität. Vorfreude machte sich in ihr breit.

In den letzten Tagen war sie lange Zeit bei den Schmetterlingen gewesen und hatte sie freudig beobachtet. Sie hatte sich nur wenig um Susann gekümmert, aber das würde sie nach den Feierlichkeiten rund um ihr Himmelsabitur tun. Das hatte sie sich vorgenommen, denn sie vermisste Susann.

Noch bevor die Sonne aufging, kamen drei Engel zu ihr. Linea kannte sie und fühlte sich geborgen in ihrer Nähe. Mit dem Erscheinen der drei war der Raum hell erleuchtet. Mehr und mehr machte sich Aufregung in Linea breit, als die Engel sich um sie versammelten und sie begrüßten.

»Werdet ihr mich prüfen?«, wollte das Mädchen wissen.

Die drei lachten sie fröhlich an. »Nein, das werden wir nicht. Aber wir werden die ganze Zeit über an deiner Seite sein. Du wirst also nicht allein sein.« Nach einer Weile ergänzte der Engel, von dem Linea meinte, dass er heller als die beiden anderen leuchtete, und zu dem sie sich besonders hingezogen fühlte: »Dieser dunkle Fleck auf deiner Stirn, woher kommt der?«

»Hm«, Linea überlegte, »ich weiß es nicht.«

Und dann kam ihr plötzlich das Foto von den beiden Mädchen in den Sinn, das auf Susanns Nachttisch stand, und sie erinnerte sich an die Worte ihres Großvaters und an das Symbol der Einzigartigkeit. Unversehens kullerte ihr eine Freudenträne aus dem rechten Auge.

Keiner von ihnen hatte etwas gesagt, denn sie verstanden sich auch ohne Worte. Erst nach einer Weile meinte einer der anderen beiden Engel: »Wir bringen dich nun in den großen Ehrensaal, in dem du zum bestandenen Himmelsabitur gekrönt wirst. Dorthin, wo dir alle gratulieren und dich feiern wollen. Du darfst übrigens, wenn du magst, eine Rede halten und auf die Zeit des Lernens zurückblicken.«

Immer noch berührt von der soeben erfolgten Erkenntnis, nickte Linea nur und ließ sich von den Engeln begleiten.

Erinnerungen

*W*einend stand Susann am Grab ihrer Großmutter. Christian hielt sie fest im Arm, vermutlich weil er befürchtete, sie könnte umkippen. Er reichte ihr das gefühlt zehnte Taschentuch und versuchte, Trost zu spenden, indem er einfach an ihrer Seite war. Viele wunderbare Worte waren während der Trauerzeremonie über Oma Linda gesagt worden. Die Kirche war mit all den Menschen gefüllt gewesen, die ihre Oma ebenfalls geliebt hatten. Auch bei der anschließenden Kaffeetafel im großen Saal des alten Kruges hatte Susann unzählige anerkennende und wertschätzende Worte vernommen. Sowohl in der Kirche als auch im Lokal war ausreichend Platz gewesen, damit die Trauergäste den geforderten Abstand einhalten konnten.

Erst als sich alle verabschiedet hatten, spürte Susann, wie erschöpft sie war. Sie hatte funktioniert, hatte es aber nicht genießen können, den vielen Menschen zu begegnen, die sie seit längerer Zeit nicht gesehen hatte. Trotzdem war sie glücklich über jeden Einzelnen, der ihr sein Beileid ausgesprochen und liebe Worte gefunden hatte.

Später ließen Susann und Christian den Tag auf dem Sofa ausklingen. Irgendwann begann Susann zu erzählen, was sie alles von ihrer Großmutter hatte lernen dürfen. Wofür sie sie wertschätzte und warum sie sie so liebte. Ihre

Aufzählung war lang. »Sie hat mich auch die bedingungslose Liebe gelehrt. Und weißt du, was eines ihrer letzten Worte war, als sie sich das Haus der Begegnung angesehen hat?« Ohne Christians Reaktion abzuwarten, zitierte sie ihre Großmutter: »Bleib du selbst. Lass dir bitte niemals ausreden, dass deine bedingungslose Liebe und der Frieden, den du im Herzen trägst, richtig sind.«

Ein Moment des Schweigens trat ein, bis Susann Christian tief in die Augen sah und fragte: »Meinst du, sie hat zu dem Zeitpunkt schon geahnt, dass sie kurz darauf sterben würde?«

Sie wussten beide keine Antwort darauf, hatten aber doch eine Vermutung.

Und dann weinte Susann, während Christian sie fest an sich gedrückt hielt und ihm ebenfalls Tränen in die Augen traten.

»Es geht ihr gut«, sagte Susann und ihre Gesichtszüge erhellten sich. Den Blick an die Decke gerichtet, ergänzte sie: »Omili, irgendwann sehen wir uns wieder und singen unsere Lieder. Vielleicht bist du jetzt bei Linea.« Sie schickte einen Luftkuss in Richtung Himmel und sang:

... aber irgendwann treffen wir uns dann dort.
Sehen uns doch wieder,
singen uns're Lieder.
Du bist bei uns, du bist bei uns ...

Währenddessen spürte sie wieder diese wohlige Wärme, so wie seinerzeit auf dem Friedhof. Abermals hatte sie das Gefühl, ihre Schwester wäre bei ihr. Sie konnte ihre Gefühle nicht erklären und versuchte es auch nicht.

»Allmählich werde ich müde«, sagte sie nach einer Weile des Schweigens.

Sie und Christian standen auf, küssten sich und machten sich für die Nacht fertig.

Abschlussrede

*E*in unbeschreiblich schönes Gefühl durchströmte Linea. Immer wieder dachte sie an Susann und sendete tröstende Gedanken mit einem hellen Lichtstrahl auf die Erde. Gleichzeitig spürte sie die Freude hier oben aufkommen. Alle waren sie da: ihr Großvater, die drei Engel und viele mehr. Der Raum – wenn man es denn »Raum« nennen konnte – war lichtdurchflutet und schimmerte in den schönsten Farben. Linea fand, dass es festlich und feierlich aussah.

Unter dem Applaus der Menge hatten die drei Engel sie zu einem großen Thron geführt, auf dem sie Platz nehmen durfte. Liebe und Wertschätzung wurden ihr zuteil. Schließlich trat eine große Präsenz auf sie zu, die noch heller und leuchtender war als alles, was sie bisher erlebt hatte. Glänzender als ihr Großvater, sofern das überhaupt möglich war. Ein unbeschreiblich schönes Gefühl durchströmte sie, als sie von diesem Wesen den Segen entgegennahm.

Dann wurde es still. Linea wusste, was jetzt von ihr erwartet wurde. Sie hatte sich genau überlegt, was sie sagen wollte, doch nun waren all die Worte nicht mehr da. Sie fielen ihr nicht mehr ein. Es hatte ihr die Sprache verschlagen.

Sie dachte an das, was Bubschen ihr alles beigebracht hatte. An die bedingungslose Liebe, den Frieden und die Polarität auf der Erde. Sie sah im Geiste, wie sie Susann mit liebevoll gewählten Worten am Grab und kürzlich nach Oma Lindas Tod auf dem Sofa getröstet hatte. Ihr kamen die Erzählungen von der Einzigartigkeit eines jeden Einzelnen in den Sinn. Die Worte der Vergebung und wie wichtig es war, dem anderen zu vergeben. Denn sie waren doch alle eins. Wenn sie also jemandem vergab, dann vergab sie automatisch auch sich selbst. Ihr fiel die Dankbarkeit ein und wie unsinnig jegliches Bewerten sowie jede Form von Be- und Verurteilen war. Dass das nur der Verstand machte, während eine Seele auf der Erde lebte. Weil es nur dort Dualität gab. Weil Licht nur erfahren werden konnte, da es auch Schatten gab. Sie erinnerte sich an den Begriff »Frieden«, den sie erst kennengelernt hatte, nachdem ihr gezeigt worden war, was Krieg bedeutete. Ihr fielen der Wechsel von Tag und Nacht ein, Ebbe und Flut sowie die Liebe. Letzteres konnten die Menschen nur erfahren, weil sie dem Hass begegnet waren.

Tausende von Gedanken strömten durch sie hindurch. Erinnerungen an die Zeitlinie. Wenn die Menschen in der Vergangenheit festhingen, verspürten sie Depressionen. Und da war noch dieses Wort »Zukunft«, um das sie sich sorgten und das Angst in ihnen auslöste. Linea hatte das Gefühl, ihr würden all diese Gedanken gleichzeitig in den Sinn kommen, alle auf einmal. Sie holte kurz Luft, um sich zu sammeln, aber ihr Gedächtnis holte noch mehr aus der Schublade. Begriffe wie »Zahlencodes« und »Bewusstsein« sowie »erwachtes Bewusstsein« erschienen vor ihren Augen. Dann durchflutete sie eine Welle von Liebe, als sie an Oma Linda und Joshua dachte. Sie hörte den Satz: »Ich entscheide, wer mich verärgert oder beleidigt.« Ach ja, und dann waren da noch dieses Bildergedächtnis und die Erklärung, weshalb die Menschen beim Versenden von Aufträgen an die Wunschfabrik kein »nicht« und kein »nein« verwenden sollten. Ihr fielen die Glaubensgrenzen sowie der Unterschied zwischen Realität und Wirklichkeit ein. Auch das Spiegelprinzip – innen wie außen, außen wie innen – durchströmte sie. Was hatte ihr Großvater noch gesagt? Das Schulsystem mit dem verflixten Rotstift und auch das Geldsystem müssten sich ändern, damit es den Menschen wieder besser ging.

Oh Mann, woher kommen all diese Gedanken?, überlegte Linea, während ihr einfiel, dass von ihr eine Rede erwartet wurde. Doch sie konnte nicht sprechen, so berührt war sie von der Zeremonie, die man für sie veranstaltet hatte. *Denke ich gerade mit dem Verstand?*, fragte sie sich. *Ja, richtig, der Verstand weiß doch nur, was man ihm beigebracht hat, das, was er zu seinem persönlichen Wissenspaket zusammengeschnürt hat. Genau, denn der Verstand möchte immer alles verstehen.*

Ein Lächeln huschte über ihr Gesicht, als sie an den Ausspruch »Scheiße, Scheiße, Scheiße!« dachte. Wenn man dies in den Wald hineinrief, konnte kein »Ich liebe dich!« herauskommen. *Ja, ja, wie es in den Wald hineinruft, so schallt es auch wieder heraus.* Wenn der Mensch das erst einmal verstanden hatte, dann würde er nie wieder jemand anderen verletzen oder beleidigen. Wer wollte schon einen solchen Bumerang an den Kopf bekommen?

Verbundenheit, ja, alles war mit allem verbunden, selbst über die neuen zwölf DNA-Stränge, von denen die Wissenschaft noch erfahren durfte. Bei all dem Durcheinander im Kopf kam Linea noch ein letzter Satz in den Sinn: *Alles, was zählt, ist Frieden, Liebe, Heilung und Vertrauen. Aber die*

Liebe ist die Größte unter ihnen. Und damit überstehen die Erdenbürger auch die Pandemie. Alles wird gut! Ja, alles ist und wird gut!

Für einen Moment trat absolute Stille ein. Auch Lineas Kopf hörte ganz überraschend auf zu denken. Bis auf einmal tosender Applaus zu vernehmen war. Alle um sie herum klatschten und johlten. Ein warmes, wohliges Gefühl durchströmte sie, als sie die Liebe der Anwesenden spürte. Was hatte ihr Großvater noch zu ihr gesagt: Ab jetzt sei sie der Zukunftsdesigner ihres eigenen Lebens. Das ließ sie für einen Augenblick grübeln.

Plötzlich applaudierten wieder alle um sie herum und ihr wurde bewusst, dass man hier oben keine Worte sprechen musste, weil ja alle alles wussten, auch das, was jemand lediglich dachte. Dass es keine Geheimnisse gab.

Schließlich sagte sie mit fester, entschlossener und freudiger Stimme: »Ich bin bereit zu vergessen.«

Epilog

Es war ein emotionaler Tag für Susann gewesen und sie war froh, dass die Beerdigung hinter ihr lag. Dass ausgerechnet an dem Tag, an dem sie Oma Linda zu Grabe getragen hatten, ihre kleine Tochter auf die Welt kam, sah sie als Zeichen. Als die Hebamme verkündete, es sei ein Mädchen und es sei putzmunter, war ihr Glück vollkommen. Lächelnd blickte sie auf die Stirn des Babys und fing Christians zustimmenden Blick auf. Er schien sie ohne Worte zu verstehen. Auch er hatte den dunklen Fleck sofort registriert.

Auf die Frage von Frau Zeiser, wie die Kleine heißen solle, antwortete Susann mit fester Stimme: »Ihr Name ist Maria-Linea.« Liebevoll strich sie dem Baby mit dem Finger über die dunkle Stelle und küsste seine Stirn.

Christian, dem Tränen in den Augen standen, sagte zu dem Neugeborenen: »Schön, dich kennenzulernen, liebe Linea.« Er lächelte herzerwärmend.

»Schön, dass du wieder da bist«, ergänzte Susann. Ihre Stimme war nur ein zartes Flüstern, das außer Christian niemand hörte.

Glücklich, aber erschöpft blieben die drei beieinander, während die Ärztin und die Hebamme sie für einen Moment allein ließen. Erst als die beiden einige Zeit später wieder in den Raum kamen, um das Neugeborene zu untersuchen, fiel Christian ein, dass er in dem Trubel des Tages etwas Wichtiges vergessen hatte. Er wartete ab, bis Susann und die kleine Maria-Linea in ein Krankenzimmer gebracht worden waren. Erst dann griff er in seine Jackentasche und überreichte seiner Verlobten einen Schlüsselbund mit Herzanhänger. Susann sah ihn fragend an.

Christian lächelte und sagte: »Das Haus am Waldrand, neben unserem Haus der Begegnung – es gehört jetzt uns und wir können nächsten Monat einziehen.«

Eine Welle aus Glückseligkeit durchflutete den Raum, als plötzlich drei Gesichter strahlten: das eines kleinen Babys und die eines überglücklichen Paares.

Die Autorin

Ilona Friederici. Schon als Jugendliche schrieb sie leidenschaftlich gerne Geschichten. Sie war in der Steuerberatung und später als Geschäftsführerin in einem internationalen Konzern tätig und lebt in Itzehoe, im Norden Deutschlands.

Nach ihrer zusätzlichen Ausbildung zur Heilpraktikerin für Psychotherapie sowie einer Spezialausbildung zur psychoonkologischen Begleiterin und Sterbebegleiterin möchte sie die Menschen unterstützen, wieder mehr Leichtigkeit und Zufriedenheit in ihr Leben zu bringen. Sie macht den Menschen Mut, ihr eigenes Potenzial zu erkennen und so zu leben, wie es für sie persönlich richtig und wichtig ist. Die leidenschaftliche Tänzerin begleitet an Krebs erkrankte oder in Krisen befindliche Menschen. Sie hält Vorträge und leitet spezielle Workshops zu den Themen aus ihren Büchern. Die Gitarristin, mittlerweile als »Deine Mutmacherin« bekannt, schreibt aber auch inspirierende Musik zu ihren Büchern und hält musikalische Lesungen.

www.deinemutmacherin.de

Möchtest du ...

... deine Träume und Sehnsüchte entdecken und leben?

... mehr du selbst sein und in deine Kraft kommen?

... in mehr Leichtigkeit und Zufriedenheit leben?

❋

Informiere dich über regelmäßige Veranstaltungen
wie zum Beispiel Seminare, Workshops,
oder musikalische Lesungen auf:

www.deinemutmacherin.de

Es erwartet dich eine unterhaltsame und lustige Zeit,
die zum Nachdenken über das Leben anregt.

Ilona Friederici

Psychoonkologische Begleitung · Mediation
Lebenscoaching · Seminare · Workshops
Vorträge · Heilsame Musik

ilona@deinemutmacherin.de · www.deinemutmacherin.de
Instagram: friedericiilona · Facebook: Ilona Friederici

176 Seiten, broschiert
ISBN 978-3-96933-017-3
€ [D] 12,00

Deine Mutmacherin – Ilona Friederici

Bist du schon du selbst?

Mit den richtigen Fragen kannst du dein ganzes Denken auf den Kopf stellen!

Mit Lebensfreude, Zuversicht und Mut lernst du, wieder du selbst sein – und auf einmal hat alles wieder einen Sinn für dich.

Dieses Buch berührt dein Herz, lässt dich weinen, schmunzeln, lachen … aber es verändert auch dein Leben auf positive Weise.

Wie Phönix aus der Asche erneuerst du deine Kraft und tust dir selbst und der Welt etwas Gutes.

176 Seiten, broschiert
ISBN 978-3-89845-664-7
€ [D] 12,00

Deine Mutmacherin – Ilona Friederici

Hamanyalas – Weisheiten des leichten Lebens

Was ist wirklich wichtig?

Von einer Minute auf die andere ist auf einmal alles anders. Wie ein Kartenhaus bricht dein ganzes Leben in sich zusammen und nichts ist mehr, wie es einmal war. Du fühlst dich, als hätte man dir den Boden unter den Füßen weggezogen, und es scheint keinen Ausweg zu geben … doch plötzlich entdeckst du die Hamanyalas – wertvolle Wegweiser zu dir selbst. Mit ihrer Hilfe findest du den Mut, dich selbst kennenzulernen, musst im Alltag nicht mehr nur funktionieren und erkennst, was du eigentlich möchtest. Und auf einmal ist das Leben so viel leichter und schöner als zuvor …

176 Seiten, broschiert
ISBN 978-3-96933-016-6
€ [D] 12,00

Deine Mutmacherin – Ilona Friederici

Erfüllt Leben – so schaffst du es
Die Weisheiten der Hamanyalas

Wonach greifen, wenn eine Situation aussichtslos erscheint? An wen sich wenden, wenn man einen guten Rat braucht? Wie ein scheinbar unlösbares Problem aus der Welt schaffen?
Die Antwort zu all diesen Fragen steckt auch in dir.
Die Hamanyalas symbolisieren deine eigenen Fähigkeiten zu Problemlösungen. Du kannst jederzeit auf sie zurückgreifen und dein Leben leicht, zufrieden und glücklich führen. Dieses Buch zeigt dir, wie du deine Hamanyalas nutzen kannst, um jeden Konflikt oder jede Situation leicht zu lösen.

160 Seiten, broschiert
ISBN 978-3-89845-673-9
€ [D] 12,00

Deine Mutmacherin – Ilona Friederici

Die Reise zu mehr Leichtigkeit und Zufriedenheit

Möchtest du (wieder) in mehr Leichtigkeit und Zufriedenheit leben?
Ein solches Leben ist wie ein Puzzle. Dieses entfaltet seine volle Schönheit auch erst, wenn jedes einzelne Teil an die richtige Stelle gesetzt wurde. So ist es auch im Leben. Wichtige Puzzleteile wie Gedanken, Dankbarkeit, Herzenswünsche, Achtsamkeit, Abgrenzung, Selbstliebe und vieles mehr sind dabei ausschlaggebend. Aber wie setze ich diese praktisch im Alltag ein? Das und noch vieles mehr für ein glückliches und zufriedenes Leben lernst du hier in diesem Buch.

208 Seiten, broschiert
ISBN 978-3-89845-663-0
€ [D] 14,00

Deine Mutmacherin − Ilona Friederici

L(i)ebe dein perfekt unperfektes Leben

Es gibt Tage, Erlebnisse und Begegnungen, die verändern dein Denken und dann dein Leben. Berührende, wahre Kurzgeschichten, die durch einen anderen Blickwinkel und aus einer anderen Perspektive die Sicht aufs Leben gravierend und positiv verändern. Die Mut machen, die Zukunft mit mehr Zuversicht und Optimismus zu sehen. Lasse dich motivieren, das Leben, so unperfekt es auch zu sein scheint, zu lieben.

224 Seiten, 2-fbg., brosch.
ISBN 978-3-89845-654-8
€ [D] 15,00

Anjana Gill

Sprichst du schon kosmisch?
Deutsch − Kosmisch, Kosmisch − Deutsch

Kosmisch leben ist der ultimative Durchbruch zu einem völlig neuen Lebensgefühl. Wünsche waren gestern, Erfüllung ist heute.

Anjana Gill entschlüsselt den »Geheimcode« für die Zusammenarbeit mit dem Universum. Und die Zeichen, die das Universum uns schickt, sind nicht länger rätselhaft.

Begeistert stellen wir fest: Ja! Das Universum und wir − wir können die gleiche »Sprache« sprechen und so die Türen zu einem unfassbar schönen Leben öffnen. Bisher hieß es: Das Leben ist anstrengend. Auf Kosmisch wird daraus: Ich bin ein Glücksmensch.

256 S., Klappenbroschur
ISBN 978-3-89845-617-3
€ [D] 12,00

Manfred Mohr

Deine Zahlen – deine Sterne

... sich selbst erkennen – andere verstehen

Jeder von uns hat doch einen schwierigen Chef, merkwürdige Kollegen oder eine Schwiegermutter, mit der der Umgang manchmal kompliziert und herausfordernd sein kann. Mit Hilfe der 108 Charaktertypen kann es auf einfache Weise gelingen, das Verhalten dieser Menschen besser zu verstehen und leichter mit ihnen umzugehen.

»Deine Zahlen – deine Sterne« lädt ein zur humorvollen Selbsterkenntnis und entspannten Akzeptanz der eigenen Stärken und Schwächen – dicht gefolgt von der wachsenden Fähigkeit, deine Mitmenschen wie dich selbst immer mehr mit einem Augenzwinkern so nehmen zu können, wie wir nun einmal sind. Mit vielen prominenten Beispielen.

256 S., Klappenbroschur
ISBN 978-3-89845-641-8
€ [D] 12,00

Manfred Mohr

Welcher Bestelltyp bist du?

So werden deine Wünsche wahr!

Ob eine Bestellung beim Universum wirklich funktioniert, hat maßgeblich mit der Persönlichkeit des Wünschenden zu tun.

Dieses Buch beschreibt die 21 unterschiedlichen Bestelltypen – und wie jeder am besten zu Traumwohnung, Traumjob und Traumpartner findet.

Bestellungen beim Universum – individuell und maßgeschneidert für dich!

168 Seiten, Klappenbr.
ISBN 978-3-89845-152-9
€ [D] 10,90

Franziska Krattinger

Ein Wort genügt!

... sich einfach umprogrammieren

Schalten Sie einfach um! – Manchmal genügt ein einziges Wort, um verborgene Haltungen ans Licht zu bringen oder Einstellungen zu ändern. Dabei gibt es spezielle Worte, die gleichsam eine magische Wirkung haben, da sie die Schlüssel zu unserem Unterbewusstsein sind: Schaltworte.

Schalten Sie einfach um – und beobachten Sie die Veränderungen in Ihrem täglichen Leben, ohne dass Sie bewusst daran denken oder eine Vorstellung der Lösung haben müssen. Nutzen Sie die Kraft, eine Situation augenblicklich im besten und idealen Sinn zu verändern.

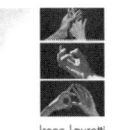

128 Seiten, 4-farbig,
wattiert, gebunden
ISBN 978-3-89845-499-5
€ [D] 12,95

Irene Lauretti

Mit der Kraft deiner Hände

Energieheilgriffe für schnelles Wohlbefinden

Egal, wo Sie gerade sind oder wie viel Zeit Sie haben – Sie können jederzeit schnell und effektiv Ihre Gesundheit stärken, Beschwerden lindern und Ihre Energiereserven auffüllen.

Irene Lauretti zeigt Ihnen, wie Sie Ihre Selbstheilungskräfte mobilisieren. Alles, was Sie dafür benötigen, sind Ihre Hände. Durch sanftes Halten der Finger und das Berühren bestimmter Energiepunkte am Körper erreichen Sie jeden Bereich Ihres Seins. Die Heilgriffe geben Ihnen in jedem Augenblick genau das, was Ihr Körper und Ihre Seele gerade benötigen!

Erreichen Sie ab sofort einfach und schnell mehr Wohlbefinden, Gesundheit und Vitalität!

Weiterführende Informationen zu
Büchern, Autoren und den Aktivitäten
des Silberschnur Verlages erhalten Sie unter:
www.silberschnur.de

Natürlich können Sie uns auch gerne den
Antwort-Coupon aus dem beiliegenden
Lesezeichenflyer zusenden.

Ihr Interesse wird belohnt!